Bob Lancer

Du bist alles, was ich brauche

G.H.

Bob Lancer

Du bist alles, was ich brauche

Den wahren Seelenpartner finden

Verlag Hermann Bauer
Freiburg im Breisgau

Die Deutsche Bibliothek – CIP-Einheitsaufnahme

Lancer, Bob:
Du bist alles, was ich brauche : den wahren Seelenpartner finden / Bob Lancer. [Dt. von Elisabeth Liebl]. – 3. Aufl. – Freiburg im Breisgau : Bauer, 2000
Einheitssacht.: The soulmate process ⟨dt.⟩
ISBN 3-7626-0569-6

Mit 8 Schwarzweißabbildungen

Die amerikanische Originalausgabe erschien 1992 bei Valley of the Sun Publishing, Malibu, unter dem Titel *The Soulmate Process. How To Release Blocks And Direct Energy To Manifest A Soulmate Relationship Or Transform Your Existing Relationship.*

Deutsch von Elisabeth Liebl
Lektorat: Ute Orth

3. Auflage 2000
ISBN 3-7626-0569-6

Einband: Rainer Schorn, Freiburg i. Br.
Satz: Fotosetzerei G. Scheydecker, Freiburg i. Br.
Druck und Bindung: Freiburger Graphische Betriebe, Freiburg i. Br.
Printed in Germany

Ich widme dieses Buch dem,
was größer ist als unser Selbst.

Ich möchte meiner Frau Karmelah danken.
Sie hat mir geduldig zugehört
und tiefes Verständnis für meine Arbeit gezeigt.
Sie brachte mir das Licht, das mir half,
meinen Weg durch das Dunkel zu finden.

Inhalt

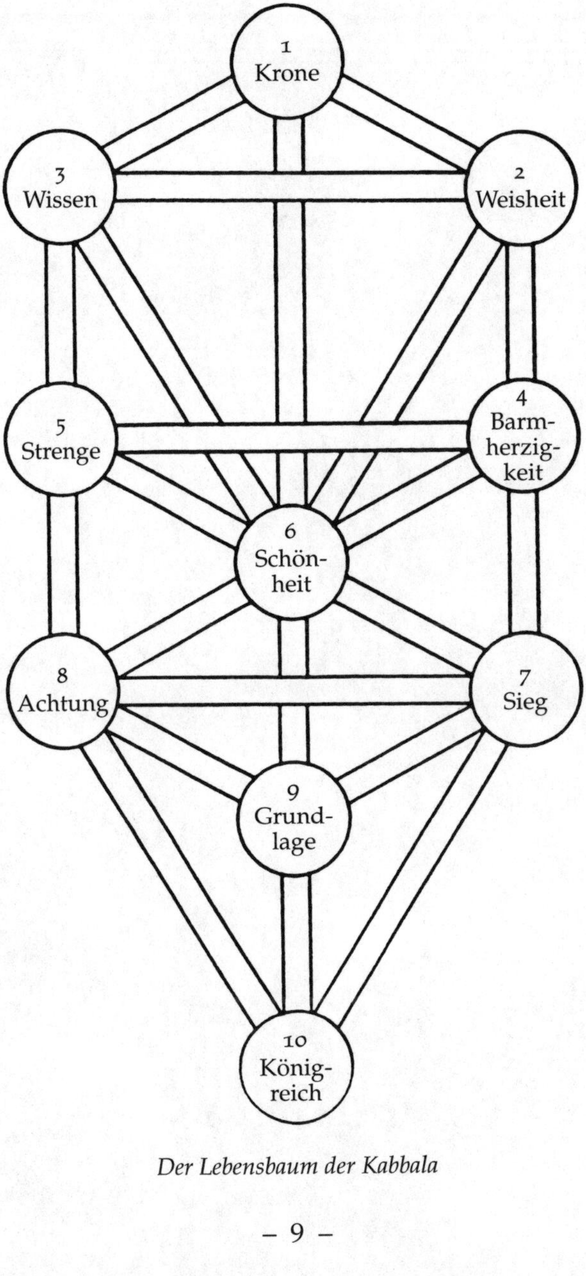

Der Lebensbaum der Kabbala

Sorge dich nicht um das Morgen,
denn dafür ist bereits gesorgt –
durch die Liebe, die du der Welt heute schenkst.

Murdo Macdonald-Bayne

Vorwort

Dein Seelengefährte ist die große Liebe deines Lebens, der Mensch, an dessen Seite du alles erreichen und in vollkommener Liebe und Harmonie leben kannst – der Mensch, den du dir in deinem Innersten schon immer erträumt hast, möglicherweise so tief in dir, daß du dir dessen gar nicht bewußt bist. *Du bist alles, was ich brauche* soll dir helfen, deine Träume von der Liebe aus ihrem Dornröschenschlaf zu holen, damit du deinen Seelenpartner erkennst, wenn er dir begegnet, und den unmittelbarsten und schnellsten Weg in seine oder ihre Arme findest.

Wenn Seelenpartner zueinander finden, entsteht ein harmonisches Kraftfeld. Jede Beziehung kann in eine Traumpartnerschaft umgewandelt werden, die beide Partner mit dieser Energie versorgt. Die einzige Voraussetzung ist, daß beide das wollen. Der Übungsweg in diesem Buch führt euch so weit, wie ihr zusammen gehen wollt – so weit eben, wie ihr beide zu gehen wagt.

Es macht mich immer traurig, wenn ich Menschen treffe, die glauben, daß es nicht möglich ist, die Partnerschaft zu haben, nach der sie sich in ihrem Innersten sehnen, nur weil sie denken, daß man Beziehungen nicht beeinflussen kann. Für diese Menschen ist die Liebe ein Buch mit sieben Siegeln, eine Sache von Glück oder Pech, Zufall oder Karma – eine Sache jedenfalls, der sie als Opfer hilflos ausgeliefert sind.

Sicher gibt es im Leben Ereignisse und Kräfte, die

sich unserer Kontrolle entziehen. Aber unser Liebesleben gehört nicht dazu. Es gibt so viele Dinge, die wir tun können, daß uns ganz sicher weder Zeit noch Energie bleibt, um uns als Opfer zu fühlen und ständig das Schlimmste zu befürchten.

In diesem Buch werden wir einige der tiefsten spirituellen Einsichten über die menschliche Natur unter die Lupe nehmen: die geheimnisvollsten Gesetze des Schicksals. Jedes Kapitel beginnt mit einer Tarotkarte. Viele Menschen denken, Tarot sei nicht mehr als eine Reihe komisch bemalter Karten, die Scharlatane benutzen, um damit ein paar Dummköpfen die Zukunft vorherzusagen. Diejenigen jedoch, die sich ernsthaft mit Tarot beschäftigt haben, wissen, daß die Weissagung nur eine sehr oberflächliche Art ist, seiner tiefen, mystischen Weisheit zu »lauschen«. Jede Karte zeigt in der dem Unbewußten eigenen Bildersprache eine der Grundsituationen des menschlichen Lebens auf. Die Bilder auf den Karten werden seit Jahrhunderten benutzt, um die Kräfte des Unbewußten freizusetzen und ein höheres Bewußtsein zu erlangen.

Wenn du täglich fünf Minuten über ein Tarotbild meditierst, dabei bewußt alle Details der Karte anschaust und auf die in dir aufsteigenden Gedanken und Gefühle achtest, wird dein Unterbewußtes die Weisheit, die in dieser Karte steckt, wie eine Anweisung aufnehmen. Über ein Bild zu meditieren heißt, daß du jede Einzelheit auf dich wirken läßt, es bewußt ansiehst und dabei dein Inneres beobachtest. Diese einfache Übung kann dein Bewußtsein stark verändern, zu einem tieferen Verständnis des Lebens und zu neuen Wegen führen, die dir höhere Weisheit schenken.

Dies ist kein Buch über den Tarot. Hier geht es um dich, um dein Liebesleben und darum, wie du wachsen kannst, um dein Leben aus ganzem Herzen zu lieben. Trotzdem wirst du vielleicht auch Einsicht in die tiefe Symbolik des Tarots und seine praktische Anwendung gewinnen. Ich wünsche dir, daß du dieses uralte System spiritueller Lehren schätzen lernst.

Auch kabbalistische Weisheit findet sich in diesem Buch. Die Kabbala ist ein sehr alter Zweig der jüdischen Mystik, der sich mit den inneren Gesetzen der Welt und des Menschen beschäftigt. Sie entstand im Mittelalter und wurde seitdem in direkter Überlieferung von Lehrer zu Schüler weitergegeben.

Ich will dich nicht davon überzeugen, daß an der Kabbala, am Tarot oder an dem, was ich sage, irgend etwas »dran« ist. Alles, was du in diesem Buch lesen kannst, hat mir selbst geholfen – und auch anderen Menschen. Tarot und Kabbala sind lediglich Hilfsmittel, die ich einsetze, um das zu erkennen und auszudrücken, was meiner Ansicht nach wahr ist. Ich habe diese Mittel für mich persönlich genutzt, und ich setze sie seit 1980 in meiner Arbeit als Autor, Dozent und Lehrer für mystische Weisheitslehren ein, um anderen zu helfen.

Dieses Buch enthält viele praktische Übungen, die dir helfen sollen, Vertrauen in dein Leben und speziell in dein *Liebesleben* zu finden. Es zeigt dir nicht nur, wie du deine große Liebe in dein Leben rufst, sondern auch, wie du eure Partnerschaft dann so gestalten kannst, wie du es dir wünschst.

Du wirst darin aber auch eine Reihe von Geschichten finden, welche über Reisen, Herausforderungen und Triumphe berichten, die andere auf ihrer Suche nach Liebe mit diesem Buch erlebt haben. Es sind wahre Geschichten. Aus diesem Grunde wurden die Namen geändert und in einigen Fällen auch andere Einzelheiten, um die Intimsphäre der Menschen zu schützen, die mit ihrer Lebensgeschichte zu diesem Buch beigetragen haben.

Du bist alles, was ich brauche enthält das Licht, das ich in meinem tiefsten Inneren gefunden habe. Mögest du darin die Führung finden, die dir auf deiner Reise durch die dunkle Nacht *deines* Herzens den Weg leuchtet.

Lake Forest, Illinois *Bob Lancer*

Einführung

Der in diesem Buch beschriebene Weg zu deinem Seelenpartner wirkt. Immer und überall – wie jedes andere Naturgesetz. Ich wünschte, ich könnte dir vermitteln, wie sehr ich davon überzeugt bin. Dieser Weg beruht auf Wahrheiten, die ich in den letzten 20 Jahren bewußt zur Grundlage meines Lebens gemacht habe. In dieser Zeit wurde für mich ein Traum nach dem anderen Wirklichkeit.

Du hast die Macht, dir die Partnerschaft zu erschaffen, von der du immer geträumt hast, und sie zu leben. Du hast die Macht, dein Schicksal selbst zu gestalten. Beruf, Liebe, höheres Bewußtsein, Fähigkeiten und Fertigkeiten – all das liegt allein in deiner Hand. Grenzenlose Fülle umgibt dich. Du wirst vielleicht auf so manches Vergnügen verzichten und so manches Opfer bringen müssen. Du wirst leiden, weil der deiner Seele eingeprägte Plan dir Wachstumsschritte abverlangt, die dich mit deiner Licht- ebenso wie mit deiner Schattenseite konfrontieren.

Doch du wirst die wunderbaren, magischen, märchenhaften Erfahrungen machen, nach denen du dich so sehr sehnst, wenn du nur wagst, sie dir erst einmal zu erträumen.

Das Universum folgt unaufhörlich und unbeirrbar den Gesetzen der Natur. Befolge auch du bestimmte Schritte, und die Natur wird dir auf vorhersehbare Weise antworten. Die wenigsten Menschen sind sich aber bewußt, daß dieselben Naturgesetze, die das Wachstum aller Wesen bestimmen, auch der Ursprung der Erfahrungen sind, die wir in unserem Leben machen.

Unsere Gedanken, Gefühle, Meinungen, Stimmungen sind die natürliche Folge all der Samenkörner, die wir in unserem Geist säen. Das gilt ebenso für unsere Gesundheit, unsere Karriere, unseren Wohlstand und unsere Spiritualität. Und natürlich auch für unser Liebesleben.

Die Beziehung zu deinem Seelengefährten ist der tiefste Ausdruck dessen, was du dir an hingebungsvoller Liebe und harmonischer Partnerschaft im Innersten erträumt hast. In deinem Unbewußten bist du bereits mit deinem Traumpartner vereint. Der Sieben-Stufen-Pfad in *Du bist alles, was ich brauche* ist ein Weg, das zeitlose Wissen und Verstehen darum, wie die Naturgesetze wirken, anzuwenden, um diesen Traum wahr werden zu lassen.

Dieser Weg vollzieht sich in sieben Schritten:

1. Erkenne deinen Traum;
2. Lerne dich selbst kennen;
3. Erschaff dir deine Vision;
4. Bleib im Gleichgewicht;
5. Hab Vertrauen in das, was du nicht kontrollieren kannst, und wisse, daß du es wert bist, geliebt zu werden;
6. Handle zielbewußt;
7. Sei dir selbst treu.

Diese sieben Stufen nenne ich gerne *Die Sieben Schöpfungstage einer harmonischen Liebesbeziehung*. Jeder dieser Stufen ist ein ganzes Kapitel gewidmet.

Wie du den Weg beschreitest

Wenn du mit diesem Buch zu arbeiten beginnst, werden deine Träume von der Liebe langsam wahr. Lebst du bereits in einer Liebesbeziehung, wirst du bemerken, wie diese immer mehr zu dem wird, was deinem Seelentraum von der Wahren Liebe entspricht. Bist du gerade nicht fest mit jemandem zusammen, wird sich dein Liebesleben im selben Maße entwickeln wie deine Visionen von deinem Seelengefährten.

Jedesmal wenn du dich mit diesem Buch beschäftigst, kannst du die Energie freisetzen, die deine Träume von der Liebe wahr werden läßt, ganz gleich ob du nur eine Übung machst oder alle Abschnitte des Sieben-Stufen-Wegs nacheinander beschreitest. Dein Liebesleben wird darauf antworten: Es wird deinen Traum mehr und mehr Wirklichkeit werden lassen. Selbst wenn du dieses Buch einfach nur liest, wird sich dein Liebesleben wandeln, sofern du das willst. Je mehr Zeit und Energie du in den Stufenweg investierst, um so schneller wirst du die Ergebnisse in deinem Leben spüren. Dieser Vorgang wird noch beschleunigt, wenn du ein Seelenpartner-Tagebuch anlegst, in dem du deine Gedanken und Wünsche aufschreibst und das Ergebnis der jeweiligen Übung festhältst.

Die Anzeichen für eine Seelenpartnerschaft

Es gibt bestimmte Anzeichen, die einen gewöhnlich glauben machen, daß man seinen Seelengefährten gefunden hat. Dazu gehören u.a. die Liebe auf den ersten Blick, der Eindruck, daß ihr euch schon einmal irgendwo getroffen habt, oder das Gefühl, daß ihr einander zutiefst versteht, obwohl ihr euch gerade erst kennengelernt habt. Auch die tiefe, innere Überzeugung, daß das Schicksal selbst eure Begegnung gewollt hat und die absolute Sicherheit, daß dies der Partner ist, von dem ihr immer schon geträumt habt, zählen dazu. Nicht zu vergessen das Gefühl, daß eine höhere Macht euch zusammengebracht hat, und ein unglaublicher Energieschub, der euch regelrecht aus der Bahn werfen kann, bis ihr genügend Bewußtsein und Weisheit entwickelt habt, um dieses Übermaß an Kraft zu lenken.

So klar diese Anzeichen auch sein mögen, es kommt doch immer wieder vor, daß du glaubst, deinen Traumpartner gefunden zu haben, und erst später entdeckst, daß diese Beziehung nicht hält, was sie versprach. Es ist aber auch möglich, daß dir diese Anzeichen gar nicht bewußt werden. Vielleicht bist du schon seit Jahren mit deinem Seelengefährten zusammen, ohne es bemerkt zu haben. Die Übungen in *Du bist alles, was ich brauche* werden dein Leben mit Liebe und Zauber erfüllen. Dein Liebesleben wird sich wandeln und zu einem Spiegel deiner innersten Träume werden.

Tarotkarte XXI: Die Welt

1
Erkenne deinen Traum

Den Traum von deiner Wunschpartnerschaft zu erkennen heißt ganz einfach, daß du ihn bejahst und daran glaubst, daß er wahr wird. Dieses Vertrauen führt dich in deine innere Welt. Hier lernst du, dir das, was du gerne hättest, klar und deutlich vorzustellen, und zwar nicht nur als Bild. Mit allen deinen Sinnen bist du imstande, eine *Erfahrung* vorwegzunehmen.

Die Wirklichkeit vorwegnehmen

Als ich 20 war, zog es mich nach Europa. Zu dieser Zeit spielte ich Bongos und mein Freund Steve Gitarre. So traten wir in Clubs, auf der Straße und in Parks auf – vor allem in Paris und Amsterdam. Ich wollte in Europa meine Fähigkeiten als Schriftsteller vervollkommnen. Aber schon bald brachten Angst und Einsamkeit mich von diesem Ziel ab.

In den Staaten war ich mit einem Mädchen zusammen, doch bevor ich nach Europa ging, löste ich diese Verbindung. Ich wollte, daß sie frei ist, sich jemand anderes zu suchen. Schließlich hatte ich dasselbe vor. Nach ein paar Wochen in Europa sahen die Dinge jedoch ganz anders aus. Die Beziehungen, die ich dort zu Mädchen hatte, hielten nicht lange, und bald dachte ich, ich würde nie die Richtige finden. Mir kam es so vor, als hätte ich die einzige Chance, die ich je gehabt hatte, leichtfertig aufs Spiel gesetzt.

Langsam wurde ich immer nervöser, deprimierter, unsicherer. Mehr und mehr verbrachte ich meine Zeit in den Coffee-Shops Amsterdams, wo ich mich dem Genuß einer beliebten Handelsware aus dem Libanon hingab. So gingen meine Träume von künstlerischer und literarischer Größe buchstäblich in Rauch auf. Nach dem Trip war ich dann noch enttäuschter und deprimierter als zuvor und machte mir endlose Vorwürfe, weil ich glaubte, die »eine« Chance vertan zu haben.

Der Weg, den ich in diesem Buch aufzeige, machte mir klar, daß ich mit dieser Vorstellung nur vor dem Neuen davonlief. Mir wurde bewußt, daß es in mir einen schöneren Traum geben mußte – einen Traum, der mir zeigte, wie ich mir mein Leben wirklich vorstellte. Jetzt gelingt es mir mehr und mehr, darauf zu vertrauen, daß auch mein Liebesleben sich nach meinem Lebenstraum ausrichten wird. Und ich erkenne, daß viele Teile dieses Traums bereits wahr geworden sind.

Übung 1:
Nimm deine innere Vision von der Liebe wahr

1. Atme dreimal sanft und tief ein und aus. Stell dir vor, wie sich beim Einatmen Frieden und Ruhe in dir ausbreiten. Gleichzeitig wird dein Geist mit jedem Atemzug wacher und konzentrierter. Diesen Zustand gezielter Entspannung bezeichnet man auch als *Aufmerksamkeit ohne Anspannung*.

2. Wiederhole nun einige Male folgende Affirmation: »In mir ist das Bild der Liebesbeziehung lebendig, die ich mir wünsche, und ich kann diese Vision Wirklichkeit werden lassen, wann immer ich will.« Sprich diese Worte langsam und deutlich in dem Bewußtsein, daß sie wahr sind.

Im Sohar, einem kabbalistischen Text aus dem Mittelalter, wird eine spirituelle Version der Geschichte von Adam und Eva erzählt. Danach war der erste Mensch zweigeschlechtlich und hatte zwei Gesichter, das eines Mannes und das einer Frau. Und der Schöpfer beschloß, dieses zweigesichtige Wesen in zwei Individuen zu teilen, und er sah, daß es gut war. Seitdem suchen sich die beiden Hälften – ihr Leben lang. Die Suche nach dem Seelengefährten endet erst, wenn sie sich gefunden und vereinigt haben – und zwar so, daß sie einander ins Antlitz blicken.

Adam fühlte sich einsam und verlassen. Er wußte nicht so recht, was er mit seinem Leben anfangen sollte. Wenn er so zurückblickte, schien ihm, als habe er immer die falschen Entscheidungen getroffen. Erst vor kurzem hatte er seine Frau verlassen, mit der er 13 Jahre lang zusammengewesen war, um auszuprobieren, wie das Leben denn mit Elisabeth sein würde.

Elisabeth hatte alles, wovon er bei einer Frau immer geträumt hatte. Sie war elf Jahre jünger als er, hatte langes, rotes Haar, riesige, grüne Augen und eine erstklassige Figur. Sie war freundlich und offen, war gerne in der freien Natur und schien Abenteuer über alles zu lieben. Wenn sie Liebe machten, fühlte Adam sich, als würden nun selbst seine kühnsten Träume wahr.

Er verließ seine Frau und seinen Sohn, um zu Elisabeth zu ziehen. Die nächsten drei Monate verbrachte Adam ausschließlich im siebten Himmel. Er fühlte sich jünger, stärker und besser aussehend denn je. Obwohl er immer einen leisen Schmerz verspürte, wenn er an seinen Sohn und manchmal sogar an seine Frau dachte, ging es ihm gut. Er lebte seinen Traum, und das erfüllte ihn mit neuem Mut und neuem Selbstbewußtsein. Seine gelegentlich aufkeimenden Schuldgefühle und Selbstzweifel beruhigte er damit, sich selbst beweisen zu wollen, daß schließlich jeder das Recht hat, alles auszukosten, was das Leben zu bieten hat.

Doch dann änderten sich die Dinge plötzlich rasend schnell. Elisabeth kam ihm immer mehr wie eine schöne, aber leere Verpackung vor. Was er in den letzten Monaten so gern getan hatte – Stunde um Stunde im Sonnenstudio zu verbringen, um bei der Gymnastik und beim Ausgehen mit seiner neuen »Traumpartnerin« gut auszusehen –, verlor mit einem Mal seinen ganzen Reiz.

Der siebte Himmel verwandelte sich in ein bedrückend düsteres Gefühl. Seine Begeisterung wurde von Tag zu Tag geringer. Schließlich konnte er mit Elisabeth nicht einmal mehr sprechen, ohne einen Streit vom Zaun zu brechen. Er kam sich vor wie ein dürres Feld, weil sein innerer Reichtum plötzlich verschwunden schien. Wer war er denn eigentlich? Ihm war, als habe er alle seine Werte verloren, seine Persönlichkeit ... sich selbst. Manchmal dachte er sogar an Selbstmord.

Seine Probleme versuchte er mit Alkohol herunterzuspülen. Weg mit dem Schmerz, den er empfand! Er wollte einschlafen ... traumlos und für immer.

Dann fiel ihm plötzlich die weißhaarige Frau ein, die er im vergangenen Sommer in Arizona kennengelernt hatte. Sie nannte sich selbst eine spirituelle Heilerin. Im Südwesten der USA gab es viele Menschen, die behaupteten, besondere Kräfte und Fähigkeiten zu besitzen, aber diese Frau war irgendwie anders. Sie schien ganz sie selbst zu sein. Das konnte er an ihren Augen ablesen. Sie hatte oft von der Kabbala gesprochen.

Ohne noch eine Minute Zeit zu verlieren, packte Adam eine Reisetasche und setzte sich in seinen Landrover. Die Fahrt kam ihm wie ein endloses Wechselbad der Gefühle vor. Hoffnung und Verzweiflung überkamen ihn abwechselnd. Dabei wußte er gar nicht, was genau verkehrt lief, aber ihn erfüllte eine tiefe, innere Verwirrung, die ihn in einen Abgrund von Dunkelheit, Kälte und Betäubung stürzen ließ. Nach acht Stunden erreichte er endlich Isadoras Hütte. Rundherum waren die Grillen in ihr lautes Konzert versunken. Nur der kleine Wildbach, der an der Veranda vorbeiplätscherte, gab dem Ganzen eine besänftigende Note. Adam blickte hoch zu den roten Felshängen, die hinter der Hütte aufragten, und ein Gebet kam ihm über die Lippen: »Rette mich!«

Dann stolperte er die Stufen hinauf und klopfte. Nichts! Sein Herz pochte wild in seiner Brust. Sie mußte einfach da sein. Sie mußte!

Adams Hand erhob sich gerade zu einem weiteren Klopfen, als sich die Tür öffnete. Bevor er noch ein Wort sagen konnte, nahm Isadora seine Hand und lächelte liebevoll. Sanft zog sie ihn in ihre Hütte. Das Innere war ganz schlicht eingerichtet. An der Wand hing ein großes Bild vom Lebensbaum der Kabbala, daneben standen überquellende Bücherregale. Auch Boden, Tisch und Stühle waren mit Büchern übersät.

Isadora bot Adam Tee an und bat ihn, seine Geschichte zu erzählen. Er sagte, er habe seine Frau und seinen Sohn verlassen, um mit der Frau zusammenzuleben, die er für seine Seelenpartnerin gehalten habe. An dieser Stelle lachte Isadora herzlich.

»Wenn du wirklich deine Traumpartnerin gefunden

hättest, würdest du es nicht einmal merken«, meinte sie. »Wirkliche Seelengefährten gehören auf einer so hohen und gleichzeitig tiefen Ebene zusammen, daß es ihnen nicht einmal bewußt wird.«

Er kam sich ziemlich dumm vor. Isadoras Worte brannten wie Glut in ihm. Sie offenbarten ihm eine Wahrheit, die er nicht leugnen konnte. Tief in seiner Seele wußte er, daß sie recht hatte.

»Was kann ich denn jetzt tun?« fragte er. »Ich fühle mich so einsam.«

»Im Leben gibt es nur eine Sache, Adam, die wirklich Sinn macht. Bemühe dich um dein spirituelles Wachstum. Jeder Mensch kommt mit einem spirituellen Potential auf die Welt, dessen Erfüllung ihm auferlegt ist. Wenn du dies zu deinem Lebensziel machst, kommt alles andere wie von selbst – Liebe, Karriere, Wohlstand, Gesundheit, einfach alles.«

»Aber ich weiß doch nicht einmal, was spirituelles Wachstum ist!«

»Du wirst es bald herausfinden. Konzentrier dich nur darauf, und dir wird alles zufließen, was du brauchst, um auf deinem Weg voranzukommen. Das Wichtigste dabei ist, zu erkennen, was der spirituelle Weg nicht ist. Er hat nichts zu tun mit deinen Wünschen, deinen Werten oder deinen Vorstellungen von Logik und Glauben. Sei dir einfach deines inneren Selbst bewußt, dann wirst du erkennen, wann es dir nur darum geht, deine persönlichen Wünsche zu erfüllen, an die du dich so klammerst.«

»Aber ist der Wunsch nach sprituellem Wachstum denn nicht auch ein Wunsch?«

»Natürlich, doch das ist der beste Wunsch, den du haben kannst, wenn du wirklichen Frieden und wahres Glück finden willst. Aber du hast recht, auch diesen Wunsch wirst du einmal aufgeben müssen. Dein Wahres

Selbst führt dich jederzeit, es lenkt dein Leben genau zu den Erfahrungen, die dir helfen, deine Bestimmung zu erfüllen. Je mehr du dich dieser Führung anvertrauen kannst, um so schneller schreitet dein Wachstum voran, um so mehr Friede, Freude und spirituelle Unterstützung wirst du erfahren.«

»Aber was ist dann mit dieser Geschichte aus dem Sohar, die du mir letzten Sommer erzählt hast? Wie paßt das denn zusammen?«

»Denk daran, daß in dieser Geschichte die beiden Gesichter zu einem einzigen Wesen gehörten. Die beiden Wesen waren einsam, bis sie sich fanden und einander erkannten. Erst dann konnten sie sich vereinigen. Die beiden Gesichter sind die zwei Seiten deines Wesens: deine ichbezogenen Wünsche und dein wirkliches spirituelles Selbst. Deine Erfahrungen haben dir gezeigt, was geschieht, wenn du deinem Ich und seinen Begierden folgst. Du kommst vom Pfad deiner eigentlichen Bestimmung, vom Weg des Friedens ab.«

»Du meinst also, daß ich meine beiden Gesichter gefunden habe. Ich habe mir ins Antlitz geblickt und sehe jetzt klarer, wer ich eigentlich bin.«

»Ich gebe dir einen guten Rat, Adam: Hör auf, dich dem Drang nach Erfüllung deiner Möglichkeiten in den Weg zu stellen, denn es ist dieser Drang, der dich zu all den Erfahrungen lenkt, die du durchmachst.«

An diesem Abend fuhr Adam mit einer Menge unbeantworteter Fragen nach Hause. So schien ihm, als habe er seine Entscheidung, mit Elisabeth zusammenzuleben, nur aufgrund seiner ichbezogenen Wünsche getroffen. Und doch hatte Isadora gesagt, daß sein Wahres Selbst jede seiner Erfahrungen lenke.

Auf dem Weg nach New Mexico erschien die Antwort auf all seine Fragen plötzlich ganz klar und deutlich in seinem Geist, als liefe das Gespräch mit Isadora immer weiter und weiter: »Wenn wir sehr stark an unseren Wünschen festhalten, dann gibt uns unser Höheres Selbst, was wir haben wollen. Doch nur zu dem einzigen Zweck, uns zu zeigen, daß unsere Wünsche uns in die Irre leiten, daß sie uns nicht zu wahrem Glück und wahrer Sicherheit führen. Und genau das ist mir passiert.«

Tarotkarte XXI: Die Welt

Am Anfang dieses Kapitels steht die Tarotkarte XXI, **Die Welt**. Dieses Bild bezeichnet die Verwirklichung des gesamten Potentials. Die Szepter, welche die Tänzerin in der Hand hält, stehen für die vollendete Meisterschaft von Geben und Nehmen, von Aufnehmen und Abgeben. Der sich um sie windende Schleier symbolisiert das Erwachen der Spirituellen Energie, die in den östlichen Weisheitslehren mit dem Bild der Kundalini dargestellt wird. Der Lorbeerkranz um die Tänzerin herum bedeutet, daß der letzte Sieg über die Welt errungen wurde – die spirituelle Suche hat begonnen.

Meditierst du über dieses Bild, stärkst du damit dein Bewußtsein für den für dich richtigen spirituellen Pfad. Hältst du dieses Bild ständig lebendig in deinem Geist, hilft dir dies, die Lösung für jedes Problem zu finden und die Folgen jeder Handlung zu sehen. Auf dem Weg zu deinem Seelenpartner solltest du es nutzen, um eine zu starke Anhaftung an deine ichbezogenen Vorstellungen von einer Partnerschaft fallenzulassen und zu erkennen, was für dich von größerer Bedeutung ist: deinen eigenen Weg durchs Leben zu finden.

Übung 2: Die Welt

1. Atme dreimal tief ein und aus. Versetz dich in den Zustand der *entspannten Aufmerksamkeit*, der in Übung 1 beschrieben wird.
2. Meditiere ein paar Minuten über *Die Welt*. Vergegenwärtige dir die Einzelheiten des Bildes, und stell dir vor, daß es dein Inneres langsam durchdringt und dich auf dem Pfad zum Spirituellen Erwachen führt.
3. Sprich die folgende Affirmation langsam und deutlich: »Ich folge dem Pfad durchs Leben, der für mich am besten ist.«
4. Nun hast du die Übung beendet. Sei dir bewußt, daß die Kraft in dir, die dich auf den Weg zum Spirituellen Erwachen führt, nun in Gang gesetzt ist.

Tarotkarte 0: Der Narr

2
Selbsterkenntnis

Selbsterkenntnis steht am Anfang jeder klugen Wahl, jeder Handlung oder Entscheidung. Und zu wissen, was du dir von einer Partnerschaft wünschst, ist ein wichtiger Teil des Wissens um dich selbst. Je besser du dich kennst, um so mehr kannst du nach deinen Wünschen und Bedürfnissen handeln. Du schaust in dich hinein und entdeckst dort deine Vision der Liebe – einer aufregenden, befriedigenden, inspirierenden Liebe. Bleibt deine Selbsterkenntnis aber an der Oberfläche stecken, so wird dich auch die Partnerschaft, die du für deine Wunschbeziehung hältst, nur oberflächlich befriedigen. Geht deine Selbsterkenntnis hingegen tiefer, so erfährst du, was du in deinem Innersten wirklich brauchst – eine Vision wird dir zuteil, die dir deinen Seelengefährten offenbart.

Wir brauchen viel Zeit, Einsatzbereitschaft und zielgerichtete Aufmerksamkeit, um uns wirklich selbst zu erkennen. Doch diese Mühe wird mehr als belohnt. Sobald du weißt, was du willst, ziehst du all das automatisch in dein Leben.

Die Kraft des zielgerichteten Denkens

Gedanken sind eine stille und doch mächtige Kraft. Hast du erst einmal die Fähigkeit erworben, deine Aufmerksamkeit bewußt zu lenken, so wirst du dein Leben auf eine Art und Weise gestalten können, die all jene, die sich dieser Macht nicht bewußt sind, in ungläubiges Erstaunen versetzt. Diese Veränderungen in deinem Leben sind jedoch nicht allein eine Glaubenssache, sondern von der konkreten Erfahrung abhängig.

Die Fähigkeit, deine Aufmerksamkeit bewußt einzusetzen, ist der Schlüssel zu tiefgreifender Selbsterkenntnis.

Über diese Macht verfügt beileibe nicht jeder. In zahllosen Vorträgen und unzähligen Büchern wird uns immer wieder berichtet, daß wir unser Leben mittels unserer Gedanken lenken können. Aber was, wenn du deine Gedanken nicht steuern kannst? Als ich begann, mich ernsthaft meinem Denken zuzuwenden, stellte ich fest, daß es sich zu 99 Prozent unbewußt und mechanisch vollzog und daß ich auf diesen Prozeß überhaupt keinen Einfluß hatte.

Ob dir das gefällt oder nicht: Bis du nicht durch Übung und Disziplin imstande bist, deine Aufmerksamkeit gezielt zu steuern, wird sich das Denken deiner Kontrolle entziehen. Und so lange du deinen Geist nicht kontrollieren kannst, hast du kaum Möglichkeiten, dein Leben aktiv zu steuern und dein höchstes Potential zu entwikkeln.

Dein Denken zu beobachten – einfach wahrzunehmen, was du denkst, während du es tust – gehört vermutlich nicht zu deinen täglichen Gewohnheiten. Gerade deshalb mußt du es bewußt üben. Normalerweise glauben die Leute, sie wüßten, was in ihnen vorgeht – bis sie wirklich anfangen, daran zu arbeiten. Anfangs mag es fast hoffnungslos erscheinen. Aber wenn du dranbleibst, wird es dir auch immer mehr gelingen, dein Denken bewußt zu lenken.

Gedanken und Gefühle klären sich, wenn du sie einfach beobachtest. Du läßt die Oberfläche hinter dir und tauchst immer tiefer in die Schichten deines Selbst ein. Oft haben wir Angst davor, so tief in unser Bewußtsein vorzudringen. Wir fürchten, auf Schmerzen und Unzufriedenheit zu stoßen, die sich dort versteckt halten. Diese Furcht ist grundlos. Zu erkennen, was du willst, ist der erste Schritt, es in dein Leben zu rufen.

Außerdem bist du für das, was du dir von einer Beziehung wünschst, ebenso verantwortlich wie dein Partner. Erwarten wir von anderen, daß sie uns besser kennen als wir selbst, so ist Ärger vorprogrammiert, weil wir ihnen die Verantwortung für unsere Enttäuschungen zuschieben. Je mehr wir uns bewußt sind, was uns mit Freude, Liebe und Frieden erfüllt, um so größer sind unsere Chancen, es auch zu bekommen. Wir selbst treffen eine bessere Wahl, und unser Partner ist eher in der Lage, unsere Bedürfnisse zu erkennen und sie zu erfüllen.

Um unsere Wünsche bewußter und präziser wahrzunehmen, müssen wir unsere Selbsterkenntnis über längere Zeit gezielt schulen. Selbst wenn du momentan in keiner Partnerschaft lebst, ist diese Übung nützlich. Sie hilft dir, intuitiv die Menschen zu erkennen, die deine Bedürfnisse erfüllen können, und die Entscheidungen zu treffen, die dich zu einem erfüllten Liebesleben führen.

Übung 3: Schreib deine Gedanken auf

1. Nimm einen Bleistift oder Kugelschreiber und dein Partnerschafts-Tagebuch zur Hand. Schließ deine Augen und beobachte deine Gedanken.
2. Schreib jedes Mal, wenn ein Gedanke auftaucht, ein großes »G« in dein Tagebuch.
3. Beobachte, welches Gefühl der Gedanke nach sich zieht. Handelt es sich um Trauer, Angst oder Ärger, mal ein Minuszeichen (–) neben das G (G–). Sind es Vergnügen, Freude, Inspiration,

so mach ein Pluszeichen neben das G (G+). Wenn du weder positive noch negative Gefühlsregungen hast oder dir nicht sicher bist, kennzeichnest du diesen Gedanken mit einem »x« (Gx).

4. Hast du einen Gedanken und das Gefühl, das er in dir auslöst, auf diese Weise festgehalten, dann kehr wieder in deine Selbstbeobachtung zurück, bis der nächste Gedanke auftaucht.
5. Mach diese Übung drei Minuten lang. (Ein Beispiel: Andreas dachte: »Ich weiß nicht, was ich von einer Partnerschaft überhaupt will.« Dieser Gedanke machte ihm zu schaffen, er war deprimiert und malte ein G– in sein Partnerschafts-Tagebuch. Nicole dagegen war überzeugt, daß sie die Beziehung haben kann, die sie wirklich will. Das fand sie aufregend, und so schrieb sie ein G+ in ihr Tagebuch.)

Verloren und Wiedergefunden

Thomas und Claudia waren schon auf dem Gymnasium ein Paar. Und ihre Beziehung hielt auch noch während der Jahre an der Uni, obwohl sie in verschiedenen Städten studierten. Kaum hatten beide ihren Abschluß gemacht, wurde geheiratet.

Thomas schien Claudia über alle Maßen zu lieben. Jeder wußte, daß er alles tat, was Claudia wollte. Er schien niemals wütend zu werden, und laut wurde er schon gar nicht.

Seine unglaubliche Anpassung an ihre Bedürfnisse machte es Claudia leicht, ihm bedingungslos zu vertrauen. So fiel es ihr auch nicht schwer, ihm eines Abends anzuvertrauen, daß sie eine Affäre hatte.

Thomas wußte nicht, was er darauf sagen sollte. Er dachte, es sei selbstsüchtig, wenn er sie bitten würde, den anderen nicht mehr zu sehen. Er machte sich Vorwürfe, weil sie ihre Bedürfnisse außerhalb ihrer Partnerschaft befriedigen mußte. Gleichzeitig versuchte er, ihr nicht zu zeigen, wie ihm zumute war. Er wollte nicht, daß sie sich seinetwegen Vorhaltungen machte. Da er nicht mehr ein noch aus wußte, fragte er sie, ob sie die andere Beziehung fortführen wolle oder ob es ihr lieber sei, »daß ich gehe, damit du mit dem anderen leben kannst«.

Man möchte annehmen, daß diese Haltung Claudias Herz erweicht hätte, da sie doch offensichtlich mit einem Engel verheiratet war. Ganz im Gegenteil – sie tobte vor Wut und brüllte ihn an: »Bin ich dir eigentlich gar nichts wert, Thomas? Bin ich eigentlich überhaupt irgend etwas wert?«

Er sah sie verständnislos an.

»Willst du mir nicht endlich eine Antwort geben?«

Er sagte leise und so gleichmütig, wie er eben konnte: »Willst du die Scheidung?« Immer noch hoffte er, sie so zurückzugewinnen.

»Verdammt noch mal, Thomas, was willst *du* denn?«

»Ich möchte, daß du glücklich bist, Claudia. Das ist alles, was ich mir je gewünscht habe.«

»Aber was ist denn mit *dir*? Was macht *dich* denn glücklich? Glaubst du nicht, daß auch ich das Recht habe, jemanden glücklich zu machen?«

Da traten plötzlich Tränen in seine sanften, braunen Augen. Groß wie er war, ähnelte Thomas mehr denn je einem großen, traurigen Teddybären. »Ich weiß es nicht«, seufzte er.

Ihre Affäre interessierte Claudia nicht besonders. Bis zu diesem Moment hatte sie nicht einmal genau gewußt, warum sie sie begonnen hatte. Nun war ihr plötzlich alles klar. Es war ein hilfloser Versuch, zumindest irgendeine Gefühlsregung aus Thomas herauszuholen. Hätte sie doch eher gewußt, warum sie so gehandelt hatte, so hätte sie zweifellos einen geeigneteren Weg gewählt. Nun, da ihr klar war, worum es ihr eigentlich ging, versuchte sie es auf andere Weise. Sie bat Thomas herauszufinden, was er sich in einer Partnerschaft wirklich wünschte. Thomas war einverstanden.

Während der nächsten Monate führte er ein Tagebuch, in dem er jeden Abend festhielt, was an diesem Tag zwischen ihm und Claudia vorgefallen war. Handelte es sich um angenehme, schöne Dinge, malte er ein Häkchen an den Rand. Alles, was er unangenehm oder häßlich fand, kennzeichnete er mit einem Minuszeichen. Und war er sich nicht darüber im klaren, wie er zu den Ereignissen stand, oder ließ es ihn einfach kalt, machte er einen Punkt daneben.

Diese Übung fiel Thomas nicht leicht. Trotzdem machte er sie ganz bewußt jeden Abend, bis sie ihm schließlich zum Bedürfnis geworden war und er sie als sehr befriedigend empfand.

Je mehr er an sich selbst arbeitete, um so eindrücklicher veränderte sich seine Persönlichkeit. Er *fand* nicht nur zu sich selbst, er fand auch den Mut, er selbst zu *sein*. In seiner Beziehung zu Claudia lernte er allmählich, Ansprüche zu stellen – nicht weil sie es wollte, sondern weil er zu seinem Selbstausdruck fand. Und Claudia war glücklich, denn Thomas lernte sich selbst kennen und sie ihren Partner.

Standortbestimmung in Sachen Liebe

Beschreibe in deinem Tagebuch dein derzeitiges Liebesleben oder deine momentane Beziehungssituation. Versuch dabei, sie weder zu analysieren noch zu verurteilen. Beschreib sie einfach mit den Gefühlen und Gedanken, die gerade in dir auftauchen. Auch hier wirst du die Erfahrung machen, daß Selbsterkenntnis der erste Schritt ist, um dein Liebesleben in die für dich richtige Richtung zu lenken. Margret beispielsweise schrieb folgendes:

»Wir streiten immer wieder und oft ziemlich heftig. Manchmal denke ich, daß er mein Seelenpartner ist und daß ich ihn über alles liebe. Im Bett ist es einfach wunderbar mit ihm. Manchmal finde ich ihn zu besitzergreifend, obwohl er andererseits sehr verständnisvoll sein kann. Ich hoffe, daß wir nicht so bald wieder streiten. Ich möchte ruhig und gelassen bleiben können, wenn er die Kontrolle über sich verliert. Oder wenn ich die Situation nicht mehr im Griff habe. Ich glaube, wir haben ein Geldproblem.«

Albert, der nicht in einer Partnerschaft lebte, als er diese Übung machte, beschrieb sein Liebesleben so: »Einsamkeit. Ich wünsche mir jemanden, mit dem ich mein Leben teilen kann. Ich möchte Sex haben. Von Julia fühle ich mich sehr angezogen, aber ich glaube, sie empfindet nichts für mich. Ich möchte geduldig sein können, damit ich die richtige Wahl treffe. Manchmal habe ich das Gefühl, daß mein niedriges Einkommen mich weniger begehrenswert macht. Dann fühle ich mich unwürdig, so als hätte ich zu wenig zu bieten. Ich sollte zu Hause mehr aufräumen und meine Wohnung sauberer halten.«

Faßt du dein gegenwärtiges Liebesleben in Worte, bekommst du mehr Klarheit darüber. Wenn wir über etwas schreiben, klären wir damit viele Einzelheiten. Die dadurch gewonnene Klarheit führt zu mehr Frieden, Sicherheit und Selbstvertrauen. Je bewußter du wahrnimmst, was ist, um so deutlicher siehst du, welchen Weg du einschlagen mußt, um deine Lage zu verbessern.

Du kannst diese Übung noch erweitern, indem du auch darauf achtest, welche Gefühle die verschiedenen Aspekte deiner gegenwärtigen Situation in dir auslösen. Mach ein Häkchen neben die Punkte, die du gut findest. Mit einem »x« kennzeichnest du alles, was dir nicht so gut gefällt und wovon du dich gerne trennen würdest. Wenn dich etwas kalt läßt oder du dir über deine Gefühle nicht so recht im klaren bist, mach einen Punkt daneben.

Selbstbeherrschung

Wenn ich mich auf meine eigenen Reaktionen auf eine Person, einen Ort oder ein Ereignis konzentriere, statt mich auf die Situation selbst zu fixieren, bin ich nicht länger Sklave der Umstände. Ich bin imstande, mein Verhalten zu steuern, um für mich zu besseren Ergebnissen zu kommen. Dies ist vor allem dann wichtig, wenn ich aufgeregt, ungeduldig oder wütend bin, da ich diese Gefühle nicht immer gebrauchen kann. Die unangenehmen Empfindungen, die meine inneren Reaktionen auslösen, verursache ich selbst. Dieses Wissen kann verhindern, daß ich anderen die Schuld zuschiebe, und es gibt mir gleichzeitig die Macht an die Hand, meine eigenen Reaktionen zu verändern.

Übung 4: Werde dir deiner Reaktionen bewußt

1. Sprich langsam und klar die folgenden Worte: »Ich bin mir meiner Reaktionen im Hier und Jetzt bewußt.«
2. Beobachte dich nach dieser Affirmation für etwa 30 Sekunden selbst. Richte einfach nur deine Aufmerksamkeit auf dich.
3. Wiederhole die Übung nach Ablauf dieser 30 Sekunden.
4. Mach die ganze Übung etwa drei Minuten lang.

Ein anderer Weg, mit deinen Reaktionen zu arbeiten, ist, deine momentane Beziehungssituation mit nur EINEM Wort zu umschreiben. Reservier dir eine Seite in deinem Partnerschafts-Tagebuch, und schreib groß »Ein-Wort-Beschreibungen« darüber. Notier dir dann das erste Wort, das dir einfällt, und das zu passen scheint. Anna schrieb z. B.: »Teilung«. Der Gedanke, den sie dabei hatte, war, daß sie und ihr Freund nicht besonders gut zusammenpassen. Auf einer bestimmten Ebene waren sie wie Feuer und Wasser. Du kannst diese Seite immer wieder aufschlagen und sehen, ob deine Beschreibung noch stimmt. Wenn nicht, finde eine neue.

Haben wir nur ein Wort zur Verfügung, müssen wir uns auf das Wesentliche konzentrieren und die wichtigsten Elemente herausfinden. Achte auf deine emotionale Reaktion, wenn du das Wort gefunden hast. Macht es dich traurig, oder gefällt es dir? Ruft es in dir Ärger und Ungeduld oder gar Hoffnung hervor? Fühlst du dich müde und deprimiert, wenn du daran denkst?

Egal wie du reagierst, übernimm auf jeden Fall die Verantwortung für deine Gefühle. Ein weiser Mann sagte einst: »Herr der Umstände zu sein heißt, deine Reaktionen darauf zu beherrschen.« Diese Übung soll dir helfen, einen wichtigen Schritt auf deinem Weg zur Selbsterkenntnis zu tun: zu wissen, welche Reaktionen dein Liebesleben oder deine Partnerschaft in dir auslöst.

Bist du dir dessen einmal bewußt, dann frag dich, ob und wie diese Reaktionen für dich »arbeiten«. Geben sie dir Kraft, Stärke und Harmonie, dann bleib dabei. Ist das nicht der Fall, arbeite daran. Öffne dich deiner Intuition, und laß dir zeigen, welche Reaktionen besser für dich wären. Und sei geduldig, wenn die Antwort nicht sofort kommt. Sie wird kommen. Hab Vertrauen!

Bindung

Rolf war als Anwalt außerordentlich erfolgreich. Als er auf die Vierzig zuging, fuhr er einen Porsche, hatte eine Ski-Hütte, eine Eigentumswohnung und diverse Investmentanteile. Er hatte allerdings auch zwei Scheidungen hinter sich und zahlte Unterhalt für zwei Frauen und mehrere Kinder.

Er hatte wirklich viel Geld gemacht, mußte aber alle sieben Jahre von vorn anfangen. Und es war nicht nur das Geld, das ihm nach den Scheidungen fehlte: Seine Kinder verlassen zu müssen war für Rolf das Schlimmste, was er je erlebt hatte.

Sich an jemanden zu binden schien für ihn das Problem zu sein. Die Ehen, aus denen er ausgebrochen war, waren glücklich. Seine Ehefrauen sind ihm sowohl Geliebte als auch Freundin gewesen. Aber er fand heraus, daß sein Verhaltensmuster, das ihn in Partnerschaften handeln ließ, zu stark war.

Sobald er sich in einer Liebesbeziehung wohl und sicher fühlte, tauchte eine verführerische Fremde auf, und Rolf verzehrte sich nach der Aufregung, die eine neue Partnerschaft zu versprechen schien. Das Jagdfieber erwachte in ihm und erfaßte nacheinander seine Augen, seine Gedanken und seinen Körper.

Damals lebte Rolf gerade mit Vicki zusammen, der letzten Frau in einer langen Reihe von Freundinnen. Die Partnerschaft hatte gerade begonnen, in ruhigeren Bahnen zu verlaufen, als eine Sekretärin aus Rolfs Büro ihm eines Tages zuzwinkerte. Kurz darauf war er in einen heftigen Flirt verwickelt. Als er später über seine Beziehung zu Vicki nachdachte, bemerkte er mal wieder dieses Gefühl des Eingeengt-Seins. Er ging dieser Empfindung nach und fand heraus, daß er sich trotz allem mit Vicki wohl fühlte. Sie paßten gut zueinander, und er war mit ihr glücklich. Woher also dieses Bedürfnis, anderen Frauen nachzujagen? Rolf war wütend auf sich selbst. Er wollte das alles nicht noch einmal mitmachen. Er hatte es satt, andere im Stich zu lassen. Diesmal wollte er endlich wissen, wie es ist, sich wirklich an einen anderen Menschen zu binden.

Da er eine Antwort auf seine Fragen suchte, begann er sich selbst zu beobachten. Er achtete genauestens auf seine emotionalen Reaktionen in seiner Beziehung zu Vicki. Plötzlich fiel ihm etwas auf. Er fand heraus, daß er daran glaubte, daß Romantik nur in kurzlebigen Affären möglich ist. Und nach diesem Glaubenssatz hatte er jahrelang gelebt.

Nun begann er nach Wegen zu suchen, wie er sein Bedürfnis nach Abenteuer und Romantik mit dem nach einer tiefen Bindung vereinbaren konnte. Er machte Pläne für sich und Vicki – Reisen, neue Erfahrungen, neue Wagnisse. Ihre positive Reaktion darauf machte ihn überglücklich. Er entdeckte ganz neue Seiten an sich und auch an Vicki. Ihre Liebe zueinander wuchs und damit der Zauber ihrer Partnerschaft. Rolf gelang es, seine unbewußten, zerstörerischen Gedankenmuster hinter sich zu lassen, und er war nun frei, eine dauerhafte Bindung einzugehen, die trotz alledem nichts von ihrer Märchenhaftigkeit verlor.

Tarotkarte 0: Der Narr

Am Anfang dieses Kapitels, in dem es um die Wichtigkeit der Selbsterkenntnis geht, stand die Tarotkarte 0, **Der Narr**. Sie steht für das Vertrauen, das wir in die Höhere Kraft entwickeln müssen, welche über das Universum herrscht.

Die Figur auf diesem Bild tanzt gerade über die Klippen. Trotz der Gefahr, die ihr droht, drückt ihr Gesicht Vertrauen aus. Sie hält ihren Blick auf die Höhere Kraft gerichtet, die über unser Schicksal herrscht, und sieht nicht in den Abgrund, in den ihr Körper zweifelsohne fallen wird. Dies zeigt, wie sehr der Narr über den einfachen Selbsterhaltungstrieben steht. Auch der Hund, der ihm auf zwei Beinen nachtänzelt – statt auf allen vieren zu laufen – steht für die spirituelle Kraft, die uns von den Anforderungen der Materie befreit.

Aus praktischer Sicht handelt die Figur auf diesem Bild wie ein Narr. Und doch steckt noch mehr dahinter, denn wir alle müssen bereit sein, uns von unseren festgefahrenen Anschauungen und Meinungen zu lösen. Das Universum ist stärker als wir. Es gibt und nimmt, scheinbar ganz gegen unseren Willen. Der Narr verkörpert die uns innewohnende Fähigkeit, uns vertrauensvoll der Höheren Macht hinzugeben, statt sie zu fürchten.

Die Null ist eine Zahl ohne Grenzen, und ein Narr ist jemand, der an seine unbegrenzten Möglichkeiten glaubt.

Da er nicht über das Wissen und die Erfahrung der scheinbar »Klügeren« verfügt, ist er auch nicht an die Erwartungen und einengenden Vorstellungen gebunden, die auf logischem Denken und den Erfahrungen der Vergangenheit beruhen.

Das Bild des Narren drückt im Tarot die höchste Ebene der Selbsterkenntnis aus, auf der wir uns mit dem Unendlichen verbinden.

So kannst du dieses Bild benutzen, um das Unendliche in deiner Seele wieder zum Leuchten zu bringen und dein Vertrauen zu stärken. Auf dem Weg zu deinem Seelenpartner hilft dir die Vertiefung in diese Karte, dein Liebesleben positiv zu sehen und das grenzenlose Spiel der Möglichkeiten als wundervolles Abenteuer zu erkennen. Durch die Meditation über dieses Bild werden sich alle festgefahrenen Vorstellungen und Ansichten, die dich jetzt noch beschränken und aus dem Gleichgewicht bringen, einfach in Luft auflösen.

Übung 5: Der Narr

1. Atme dreimal tief ein und aus. Versetz dich in den Zustand bewußter Entspannung, in die *Aufmerksamkeit ohne Anspannung*.
2. Meditiere ein paar Minuten lang über die Tarotkarte 0. Betrachte alle Einzelheiten auf dem Bild, und stell dir vor, daß es dich ganz erfüllt. Spür, wie es sich in deinem Inneren ausbreitet. Mit jedem Einatmen wirst du von dem Bild und der Kraft, die es ausstrahlt, immer mehr durchdrungen und zur Entfaltung deines spirituellen Potentials geführt.

3. Wiederhole die folgende Affirmation dreimal – laut oder leise, wie du willst: »Ich habe Vertrauen in die grenzenlose Kraft, die mein Leben steuert. Sie erfüllt mich mit tiefem Frieden.«
4. Fühle in dir nun die innere Gewißheit, daß *Der Narr* in dir sich jetzt seiner Aufgabe zuwendet: *dich* für die grenzenlosen Möglichkeiten deines Selbst und deines Liebeslebens zu öffnen.

Tarotkarte I: Der Magier

3

Erschaff dir eine Vision

Jeder weiß, daß magnetische Felder anziehend wirken können. Dies gilt für menschliche Beziehungen ebenso wie für atomare Teilchen. Die Menschen, die einander begegnen, haben sich gegenseitig angezogen.

Gewöhnlich denkt man, daß jemand aufgrund seiner persönlichen Eigenschaften anziehend wirkt. Er sieht gut aus, sie auch; er hat eine starke Persönlichkeit, sie ist nett und liebevoll; er ist sensibel, sie bodenständig. Und doch gibt es noch eine andere Ebene, auf der Menschen einander anziehen, und die wirkt stärker als die bloße Anziehungskraft, die in Persönlichkeit, Aussehen und sonstigen Eigenschaften spürbar wird. Sie beruht auf der Dynamik von Energie und polaren Kräften.

Was du ausstrahlen willst, um die Partnerschaft anzuziehen, die du dir wünschst, hängt ganz allein von dir ab.

Wenn du nicht in einer Beziehung lebst: Da draußen ist jemand, nach dem du dich sehnst. Wenn du eine Partnerschaft hast: Es gibt Mittel und Wege, wie du und dein Partner gemeinsam wachsen könnt, damit jeder von euch zunehmend sein Bedürfnis nach der Energie seines Seelenpartners und gleichzeitig seine persönliche Lebensaufgabe erfüllen kann. Du kannst die Erfahrungen anziehen, die du machen willst, indem du deine Ausstrahlung selbst steuerst. Wie das geht – das kann jeder lernen.

Gedanken und Gefühle schaffen ebenso eine Ausstrahlung um uns, wie unsere Worte und Handlungen dies tun. Das, was du denkst und fühlst, ist für andere spürbar. Ganz besonders, wenn es Gedanken und Gefühle sind, die auf *sie* gerichtet sind.

Achtest du einmal genau auf die Beziehungen, die du eingehst, fällt dir bald auf, daß deine Gedanken und Gefühle sie erheblich beeinflussen. Andere Menschen nehmen deine innere Befindlichkeit wahr und reagieren darauf. Geschäftsleute, die ihren Kunden gegenüber negative Gefühle hegen, können ihre Lage verbessern, indem sie ihr Denken gezielt lenken und entsprechend dieser Erkenntnisse neu ausrichten. Auch eine berühmte Schauspielerin wußte offensichtlich um die Macht der Gedanken in Beziehungen. Vor jedem Auftritt setzte sie sich etwa eine Stunde lang in ihre Garderobe, um mit aller Liebe, zu der sie fähig war, an ihr draußen wartendes Publikum zu denken.

Außerdem wirst du auch beeinflußt von deinen Gedanken über dich *selbst*. Glaubst du, daß du unfähig, unterlegen oder wertlos bist, handelst du automatisch so, daß diese festgefahrenen Vorstellungen bestätigt werden, und wirst immer deprimierter, reizbarer und abweisender. Dieses Prinzip konnte ich während meiner Zeit als Lehrer an der High School mit sogenannten »schwierigen« Jugendlichen beobachten. Ich richtete mein Augenmerk mehr auf die Stärken als auf die Schwächen der Schüler. Auf diese Weise wurde ihr Selbstgefühl gestärkt. Sie benahmen sich besser und brachten auch bessere Leistungen.

Ein spiritueller Lehrsatz besagt, daß du das, was du an dir selbst oder anderen verurteilst, ewig wiederholen mußt. Wenn dein Verhalten oder das anderer dich wütend macht, dann wirst du sehr wahrscheinlich das, was du eigentlich *beenden* oder vermeiden möchtest, wieder und das, was du statt dessen tun willst, *nicht* tun.

Dieses Prinzip gilt auch in der Liebe. Denkst, fühlst oder erwartest du etwas, was du eigentlich nicht willst, dann wird genau das auch eintreffen. Glaubst du an die Wahrheit solcher Sätze wie »Ach, Beziehungen klappen doch sowieso nie« oder »Es gibt einfach keine Männer mehr zum Heiraten «, nur weil du das in der Zeitung gelesen oder von deiner Mutter gehört hast, dann wirst du genau dieses Muster ausstrahlen und die entsprechenden Reaktionen hervorrufen.

Negative Gedanken und Gefühle können uns in einen dicken Panzer einschließen, der unseren möglichen Seelengefährten nicht zu unserem Wahren Selbst vordringen läßt. Von diesem Panzer prallen dann genau die Erfahrungen ab, die wir in der Liebe eigentlich suchen. Aber es gibt einen Ausweg. Du kannst deine Ausstrahlung so steuern, daß du die gewünschten Erfahrungen anziehst.

Auch die Menschen um uns herum haben eine Ausstrahlung, die ihre innersten Gefühle und Gedanken widerspiegeln. Fühlst du dich also in der Gegenwart eines bestimmten Menschen immer unterlegen, deprimiert oder hoffnungslos, kann das daran liegen, daß dieser Mensch sich selbst so fühlt und du seine inneren Zustände aufnimmst. Allein das Wissen, daß manche Stimmungen von außen kommen können, half mir in bestimmten Situationen, mich weniger mit Gedanken und Gefühlen zu identifizieren, die gegen meine persönlichen Ziele arbeiteten.

Schöpferische Einstimmung

Du kannst nicht von etwas angezogen werden, was es nicht gibt. Sobald du anfängst, dich nach einem Partner umzusehen, kannst du dir sicher sein, daß es diesen Menschen auch gibt. In dem Moment, in dem du etwas begehrst, rufst du es damit gleichsam ins Leben.

Worauf auch immer du deine Aufmerksamkeit richtest, dein Leben wird genau diese Richtung einnehmen. Sobald du der Erfahrung, die du machen möchtest, deine Aufmerksamkeit schenkst, strahlst du das Energiemuster aus, das diese Erfahrung anziehen wird. Du öffnest dich, um bereit zu sein, wenn diese Erfahrung in dein Leben tritt.

In der folgenden Übung geht es darum, deine Aufmerksamkeit auf das Energiemuster deiner Seelenpartnerschaft zu lenken. Du richtest dich auf die Vereinigung mit deinem Seelenpartner aus, stimmst dich dadurch auf den Energiestrom der Seelenpartnerschaft ein und ziehst die Partnerschaftserfahrung an, die du dir für dich und dein Leben wünschst.

Spürst du in dir Widerstand gegen diese Übung (Es ist gar nicht so einfach zu glauben, daß man sich so ohne weiteres mit der Liebe seines Lebens vereinigen könnte!), dann bleib trotzdem dabei. Deine Abwehrmechanismen der Wahren Liebe gegenüber werden langsam, aber sicher nachlassen.

Normalerweise empfinden Menschen, die diese Übung täglich über längere Zeit gemacht haben, bald, daß sie ihnen eine dauerhafte Quelle der Kraft ist, die ihr Vertrauen in ihre größten Träume bestärkt. Kennst du das Gefühl, das in dir entsteht, wenn du jemanden liebst, der auch dich liebt? Es erfüllt dich mit Selbstvertrauen, Selbstachtung und Mitgefühl für andere Menschen. Es macht dich aber auch für andere anziehend. Diese Übung wird dieses Gefühl freisetzen. Je häufiger du sie machst, um so stärker wird dieses Gefühl werden, bis schließlich nichts mehr dein Vertrauen in dich und die wundervollen Möglichkeiten, die das Leben für dich bereithält, erschüttern kann.

Übung 6: Schöpferische Einstimmung

1. Streck deinen Körper, und atme ein paar Mal tief ein und aus. Versetz dich in einen Zustand *entspannter Aufmerksamkeit*.
2. Stell dir nun vor, daß ihr, du und dein Seelengefährte, euch bei den Händen haltet und einander in die Augen seht. Versuch nicht, zu sehen, wie dein Seelenpartner aussieht. Richte dein Augenmerk ganz auf das Gefühl von Nähe, das du empfindest.
3. Stell dir weiter vor, daß dein Bedürfnis nach völliger körperlicher, seelischer, geistiger und spiritueller Harmonie mit deinem Partner nun erfüllt ist.
4. Visualisiere, wie dich die Energie der Seelenpartnerschaft beim Einatmen vollständig durchdringt: Dein Seelenparter ist da, und ihr seid harmonisch miteinander verbunden.
5. Stell dir nun vor, wie dein Wahres, dein spirituelles Selbst, zu dir sagt, daß dies die Partnerschaft ist, die das Schicksal für dich vorherbestimmt hat, damit du deine spirituelle Bestimmung erfüllen kannst.
6. Wiederhole, während du weiterhin die Energie eurer Verbindung spürst, folgende Affirmation dreimal klar und deutlich: »Ich und mein Seelenpartner sind eins.«
7. Gib dich ganz der grenzenlosen Freude darüber hin, daß deine Seelenpartnerschaft dich in jeder Hinsicht erfüllt – körperlich, seelisch, geistig und spirituell. Spür die Erleichterung darüber, daß ihr nun endlich vereint seid.

8. Visualisiere nun das unbeschreiblich klare Licht eurer Liebe als das pochende Herz des Universums, das die ganze Welt in das heilende Licht der Liebe taucht.
9. Vertiefe dich drei Minuten lang (oder wenn du willst, auch länger) in die Erfahrung der Seelenpartner-Energie. Das Gefühl, das die harmonische Vereinigung mit deinem Seelengefährten in dir hervorruft, setzt die Anziehungskraft in Gang, die euch beide schließlich zusammenführen wird.

Mach diese Übung so oft und so lange du willst, bis sie dir am Ende ganz natürlich und leicht vorkommt.

Deine Traumpartner-Tabelle

Nimm dein Partnerschafts-Tagebuch zur Hand, und mal auf eine freie Seite ein gleichseitiges Dreieck, das mit der Spitze nach oben zeigt. Über diese Spitze schreibst du »Beziehung zwischen«, in die linke Ecke »Selbst« und in die rechte »Partner«. Dieses Dreieck umfaßt die wichtigsten Teile einer Seelenpartnerschaft: *das Selbst, den Partner und die Beziehung zwischen beiden*. In einer echten Seelenpartnerschaft wird sie zur die *Flamme der Liebe*.

Teile die nächste Seite deines Tagebuchs in drei Spalten auf. Über die linke Spalte schreibst du »Selbst«, über die mittlere »Beziehung« und über die rechte »Partner«. An den äußersten linken Rand schreibst du Nummern von eins bis zehn.

In der uralten, spirituellen Weisheit der Kabbala steht die Zehn für die Erscheinung in der Welt. Da die Kabbala von einem tiefen Verständnis für die Gesetze des Unbewußten geprägt ist, kannst du deiner Suche nach deinem Seelengefährten zusätzliche geistige Kraft verleihen, indem du dich auch hier auf ihr Zahlensystem stützt.

Zentrier dich mit der Atemübung von Übung Nr. 1 (siehe Seite 24), und versetz dich in den dort beschriebenen Zustand der *Aufmerksamkeit ohne Anspannung*. Wiederhole folgende Affirmation langsam und deutlich: »Die Liebesbeziehung, nach der ich mich sehne, steht mir lebhaft und klar vor Augen.« Schließ deine Augen und stell dir vor, daß du mit deinem Seelenpartner wirklich zusammen bist. Ihr sitzt euch gegenüber und seht euch in die Augen. (Du kannst dir auch andere Szenerien ausmalen.) Richte dein Augenmerk vor allem auf das Gefühl, das dieses vollkommen harmonische Beisammensein in dir hervorruft.

Nimm dann einen Stift zur Hand, und schreib in die Spalte »Selbst« zehn Eigenschaften oder Stärken, die du in deiner Wunschbeziehung zum Ausdruck bringen möchtest. In der Spalte »Partner« führst du zehn der Vorzüge deines Partners auf, in die Spalte »Beziehung« kommen zehn der Qualitäten, die du dir für deine Partnerschaft wünschst.

Untersuche dein Herz und deinen Geist so gründlich wie möglich auf diese Eigenschaften hin. Schließlich und endlich bist du es, der bestimmt, wie deine Seelenpartnerschaft aussehen soll. Sie ist oder wird das sein, was du dir wünschst – sie wird dein Selbst auf allen Ebenen glücklich machen. Und mit dieser Übung erschaffst du deine Wunschbeziehung. Die Beziehung, die deine geheimsten Träume erfüllt, die dem Willen deines Höchsten Selbst entspringt.

Ich rate dir, diese Tabelle sehr ernst zu nehmen. Sieh sie

als Bauplan für dein Schicksal an, damit schaffst du deinem spirituellen Wesen ein Zuhause.

Hier ein Auszug aus dem, was ich seinerzeit geschrieben habe:

Selbst: Glücklich; lächelnd; entspannt; dankbar für meine Vergangenheit; das Gefühl, daß das hier genau das Richtige für mich ist; unabhängig; das Gefühl, daß ich die Freiheit habe, meinem Wahren Weg zu folgen; gesund; mein beruflicher Weg und meine Partnerschaft passen zusammen; das Gefühl, daß sie und ich füreinander bestimmt sind.

Partner: treu; Nichtraucher; liebt die freie Natur; intelligent; künstlerisch begabt; offen; liebevoll; respektiert meinen spirituellen Weg; führt ein eigenes Leben, hat aber ein offenes Ohr für das, was ich denke; liebt mich aus tiefstem Herzen.

Beziehung: wir gehen respektvoll miteinander um, besonders auf sprachlicher Ebene; unsere körperliche Beziehung ist zutiefst befriedigend; romantisch; Beruf und materieller Erfolg stehen mit der Partnerschaft in Einklang; wir streben nach höchster spiritueller Vollendung; unabhängig; dauert ein Leben lang; ist abenteuerlich, aber auch praktisch, jugendlich und energiegeladen; wir widmen uns beide leidenschaftlich dem Dienst an der Welt.

Anfangs kommt einem die Spalte »Beziehung« meist ziemlich abstrakt vor, weil es dabei um die Qualitäten der Partnerschaft selbst geht. Spür in das, was zwischen euch ist, hinein, und unterteile es dann in einzelne Elemente und Eigenschaften. Oder denk daran, was du über »uns« sagen kannst. Wie drückt sich das »Wir« in eurer Seelenpartnerschaft aus? Diese Dinge gehören in die Rubrik »Beziehung«.

Du kannst diese Tabelle auch anders anpacken: Sag »Ich bin …« oder »Ich tue …«, wenn du die Spalte »Selbst«

füllen willst, »Er oder sie ist …« oder »Er oder sie tut …« in der Spalte »Partner« und »Wir sind …« oder »Wir tun …« in der Spalte »Beziehung«.

Wenn du dir über das, was du willst, im klaren bist und es die Welt auch wissen läßt, dann sucht dieses Wissen deine Ergänzung, und er oder sie kreuzt schließlich deinen Weg. Denk daran, du kannst nicht von Dingen oder Menschen angezogen werden, die es nicht gibt. Sobald dein Wunsch in dein Bewußtsein tritt, wirft seine Erfüllung die ersten Schatten voraus.

Fällt es dir schwer, zehn Eigenschaften zu finden, dann strengst du dich vielleicht zu sehr an. Sieh deinen ersten Versuch gleichsam als Probeübung. Vielleicht gelingt es dir noch nicht, ganz genau herauszufinden, was du alles gerne hättest. Schreib einfach zehn Dinge hin, egal wie oberflächlich, verschwommen oder unklar du sie auch wahrnimmst. Und sind es keine zehn, dann versuch einfach nur, dieser Zahl so nahe als möglich zu kommen.

Es kann nützlich sein, an frühere Partnerschaften zu denken oder an solche, die du bei anderen beobachtet hast. Denk an Menschen, die du früher einmal bewundert oder begeht hast. Möglicherweise findest du in ihnen die Eigenschaften, die du dir heute von einem Partner wünschst. Erinnerst du dich an Partnerschaften, die so viel Einheit und Harmonie ausstrahlten, wie du sie ersehnst? Fallen dir Beziehungen ein, die genau die Ausstrahlung hatten, die du für deine Partnerschaft haben möchtest?

Versuchst du auf diese Weise, die Vergangenheit bewußt einzusetzen, dann achte darauf, daß du dich nicht auf einzelne Eigenschaften versteifst, sondern deine Gedanken mehr auf die Art dieser Qualität richtest. Wünschst du dir z. B. einen Partner mit einer bestimmten Stimme, dann konzentrier dich jetzt nicht auf diese eine Stimme, sondern auf die allgemeinen Merkmale, die sie dir angenehm machen.

Vielleicht fällt es dir auch leichter, die entsprechenden Eigenschaften zu finden, wenn du die Reihenfolge dieser Übung änderst. Du kannst ohne weiteres die Spalte »Beziehung« zuerst füllen, dann die für den Partner und zuletzt die für dich selbst. Mach die Übung in der Reihefolge, die dir am meisten liegt.

Nimm deine Tabelle einmal am Tag zur Hand. Vielleicht gibt es etwas zu erneuern, zu überarbeiten, zu verbessern. Auch sie neu zu schreiben kann sehr nützlich sein. Da Schreiben auch eine körperliche Aktivität ist, hilft es, die physische Energie in Schwung zu bringen, die wir brauchen, um so zu handeln, wie es unserem (Liebes-)Lebensentwurf entspricht. Und Schreiben erfordert größere Aufmerksamkeit, was die Übung wiederum energiegeladener macht. Betrachte die Wörter, die du während der Übung niederschreibst, nicht als eigenständige Einheiten. Sie sind Symbole, Werkzeuge, die dir helfen, deine innere Bilderwelt auszudrücken und zu benennen. Schließlich wird das Bild, das du von deinem Seelenpartner hast, immer klarer, stärker und bedeutsamer für dich. Dadurch ziehst du eine Zukunft an, die tief und fest mit deinem Wahren Selbst verbunden ist.

Die fünf Ebenen

Du kannst deine **Traumpartner-Tabelle** auch anders anordnen. Die folgende Möglichkeit geht davon aus, daß es in einer Seelenpartnerschaft fünf Ebenen gibt: eine körperliche, eine emotionale, eine geistige, eine spirituelle und eine soziale Ebene. Natürlich treten diese Ebenen nie einzeln in Erscheinung. Solange wir leben, sind sie untrennbar miteinander verbunden. Aber wenn wir uns einzeln auf sie konzentrieren, werden sie zu Leitlinien, anhand derer wir eine ausgewogene Partnerschaft entwerfen können, in der Harmonie auf allen Ebenen besteht.

Der fünfzackige Stern ist ein sehr altes, machtvolles Symbol. Ich möchte nun, daß du auf die nächste freie Seite deines Partnerschafts-Tagebuchs einen solchen Stern zeichnest. Du kannst es freihändig versuchen, du kannst aber auch eine Vorlage benutzen. Vielleicht denkst du jetzt, daß du im Zeichnen noch nie besonders gut warst, aber es ist völlig nebensächlich, wie das Bild schließlich aussieht – die Energie, die du beim Zeichnen in den Stern gesteckt hast, macht ihn für dich so wertvoll.

Über die oberste Spitze schreibst du »Spirituelles«, über die Spitze links davon »Geistiges«. Die linke untere Spitze erhält die Bezeichnung »Körperliches«, die rechts oben »Emotionales«. Die rechte untere Spitze nennst du »Soziales«. In der Mitte schließlich steht das Wort »Wesen«.

Mach auf der nächsten Seite deines Tagebuchs drei senkrechte Spalten. Die linke nennst du »Selbst«, die rechte »Partner«, die mittlere »Beziehung«. Dann teilst du die Spalten der Länge nach in fünf Abschnitte. An den linken Rand schreibst du je einen der Begriffe, die an den fünf Spitzen des Sterns stehen.

Bevor du mit der eigentlichen Übung beginnst, zentrier dich mit der Atemübung von Übung Nr. 1, und versetz dich in den dort beschriebenen Zustand *entspannter Aufmerksamkeit*. Wiederhole folgende Affirmation langsam und deutlich: »Die Liebesbeziehung, nach der ich mich sehne, steht mir lebhaft und klar vor Augen.« Schließ deine Augen und stell dir vor, daß du mit deinem Seelenpartner wirklich zusammen bist. Ihr sitzt euch gegenüber und seht euch in die Augen. (Du kannst dir auch andere Szenerien ausmalen.) Richte dein Augenmerk vor allem auf das Gefühl, das dieses vollkommen harmonische Beisammensein in dir hervorruft.

Schreib dann in der Spalte »Selbst« im Abschnitt »Körperliches« eine körperliche Eigenschaft, Tätigkeit (oder Schrulle) auf, die du an dir selbst wahrnimmst, z. B.: »Ich bin körperlich völlig gesund.«

Mach das gleiche nun in der Spalte »Partner«. Schreib etwas, das deinen Partner betrifft, z. B.: »Er (oder sie) hat sanfte Augen.«

Beschreib nun in der Spalte »Beziehung« ein körperliches Merkmal, das eure Verbundenheit zeigt. Zum Beispiel: »Wir halten uns an den Händen.«

Geh dann zum Abschnitt »Emotionales« über, und führ die Übung in derselben Weise fort. Für dich selbst könnte dort z. B. stehen: »Erleichterung darüber, daß wir uns endlich gefunden haben.« Für den Partner: »Er (oder sie) liebt mich aus ganzem Herzen.« Beschreib in der Spalte »Beziehung« die emotionale Stimmung, die zwischen euch herrscht, z. B.: »liebevoll, erotisch, freundlich, friedlich, glücklich etc.«

Im Abschnitt »Geistiges« könnte beispielsweise folgendes stehen: in der Spalte »Selbst« – »Ich fühle mich intellektuell angeregt«; in der für den Partner – »Er (Sie) ist zu tiefem Verständnis fähig.« Unter »Beziehung« kannst du das geistige Klima in eurer Partnerschaft schildern oder die Art und Weise, wie ihr geistig harmoniert, z. B.: »Wir sind uns ebenbürtig; wir verstehen einander auch geistig; wir können offen und klar miteinander reden.«

Nun das gleiche für den Abschnitt »Spirituelles«. Für dich selbst könntest du z. B. schreiben: »Ich weiß, daß diese Partnerschaft mit meiner Spiritualität auf einer Linie liegt.« Für den Partner: »Er versteht und akzeptiert meine spiritullen Wertvorstellungen und Interessen.« Stell in der Spalte »Beziehung« eure spirituelle Verbindung dar: »Unsere Beziehung strahlt spirituelle Harmonie aus; wir unterstützen einander auf unserem spirituellen Pfad; wir interessieren uns beide gleich stark für spirituelle Themen usw.«

Führ die Übung schließlich mit dem Abschnitt »Soziales« zu Ende. Diese Ebene betrifft die Art und Weise, wie ihr mit anderen, sozusagen dem Rest der Welt, in Verbindung tretet. Für dich selbst könnte da beispielsweise stehen: »Ich fühle mich wohl in Gesellschaft anderer.« Für deinen Partner: »Er oder sie fühlt sich wohl in unserer Partnerschaft und ist sich dessen bewußt, wenn er/sie mit anderen Menschen zusammen ist.« In der Spalte »Beziehung« beschreibst du, wie eure Partnerschaft eure Umwelt beeinflußt und wie ihr euch als Paar auf andere Menschen bezieht. So könnte diese Spalte aussehen: »Andere Menschen sind gerne mit uns zusammen; wir arbeiten gemeinsam daran, daß die Welt ein Stückchen besser wird; wir besuchen zusammen Seminare für persönliches Wachstum etc.«

Du kannst in jedem Abschnitt so viele Qualitäten aufführen, wie du willst, aber mehr als zehn sollten es nicht werden. Mach diese Übung regelmäßig, wie ich es für die vorhergehende empfohlen habe. Du kannst sie erneuern, überarbeiten, verfeinern. Je nach den Erfahrungen, die du machst, wird sich das Bild von deiner Seelenpartnerschaft mit der Zeit verändern. Es wird klarer werden. Du wirst tiefer blicken. Welche der beiden Übungen du zu diesem Zweck bevorzugst, ist völlig gleichgültig. Wichtig ist nur, daß du zumindest eine der beiden regelmäßig machst. Dann wird sich dein Liebesleben langsam, aber sicher deinen tiefsten Träumen angleichen.

Die **Traumpartner-Tabelle** setzt deine innere Vision von der Liebe, die du dir eigentlich wünschst, frei. Zusätzlich zu dieser Übung kannst du dir im Alltagsleben immer wieder deine Seelenpartnerschaft ins Gedächtnis rufen. Stell dir einfach immer wieder die Erfahrung vor, die du machen möchtest. Mach dir keine Sorgen, wenn deine Vision und das dazugehörige Gefühl am Anfang noch eher verschwommen sind. Machst du diese Übung – sagen wir – fünf Mal täglich, wirst du bald bemerken, daß dein inneres Bild immer klarer wird.

Je mehr Aufmerksamkeit du deinem inneren Wissen, der Empfindung und Vision von deiner Seelenpartnerschaft schenkst, um so mehr Energie fließt in diesen Vorgang und um so schneller wirst du in deinem Liebesleben Fortschritte machen.

Nimm dir jetzt, in diesem Augenblick, 60 Sekunden Zeit, um den Blick nach innen, auf die Vision von deinem Seelengefährten, zu richten.

Nichts ist zu banal für die **Traumpartner-Tabelle**. Nichts, was dir gefällt, ist unwichtig oder unmöglich. (Solange du dabei die Verletztlichkeit anderer nicht zu deinem Vorteil ausnutzt oder ihren freien Willen mißachtest.) Stehen deine Sehnsüchte im Widerspruch zu deinen inneren Werten, nützt es dir nichts, sie zu unterdrücken oder dich selbst zu verurteilen. Dadurch wirst du auch kein »besserer Mensch«. Stell dich deinem Zwiespalt, und versuch, ihn auf sinnvolle, praktische und von Mitgefühl getragene Weise zu lösen.

Die Illusion vom Traumpartner

Manchmal triffst du jemanden und bist zutiefst davon überzeugt, nun endlich deinen Seelengefährten gefunden zu haben. Doch nach und nach, je besser du diese Person kennenlernst, stellst du fest, daß du dich getäuscht hast. Dafür gibt es viele Gründe. Möglicherweise hat dieser Mensch bei dir – bewußt oder unbewußt – bestimmte »Knöpfe gedrückt« und so den Eindruck ausgelöst, er sei dein Traumpartner. Es kann aber auch sein, daß du einfach gesehen hast, was du sehen wolltest – weil du emotional unausgeglichen warst oder weil du dir so sehr gewünscht hast, deinen Seelenpartner endlich zu finden.

…hutz vor solchen Erlebnissen ist, … damit identifizierst, d.h. dein inneres …Seelenpartner auf keinen Fall auf einen Men-…en projizierst, den du kennst. Richtest du dein Augenmerk auf die Art der Eigenschaften, die du dir an einem Partner wünschst, und auf die Art der von dir angestrebten Erfahrungen, wird dein Seelenpartner ganz automatisch in dein Leben treten, und die Energie einer Seelenpartnerschaft wird in deinem Leben zunehmen.

Folgst du diesem Prinzip der Nicht-Identifikation, schützt es dich vor emotionaler Unausgeglichenheit und hilft dir, das, was du in der Liebe wirklich willst, immer im Auge zu behalten. Die Energie, die auf dem Weg zu deinem Seelengefährten geweckt wird, ist sehr stark. Verlierst du dabei dein inneres Gleichgewicht, führt das nur dazu, daß hastige und allzu gedankenlose Reaktionen deinen Seelenpartner von dir fernhalten. Das ist keine Strafe, sondern eine ganz einfache Tatsache. Keine Partnerschaft kann uns die Aufgabe abnehmen, unsere »Beziehungsfähigkeit« weiterzuentwickeln.

Die Seelen-Vision vom Traumpartner

Diese Übung dient dazu, dich auf höhere spirituelle Schwingungsebenen einzustimmen und diese Kraft für den Weg zu deinem Seelengefährten einzusetzen. Es gibt einige Hilfsmittel, die dich dabei unterstützen können: eine Kerze, Weihrauch, New-Age-Musik, dein Lieblingskristall. Du kannst auch ein Bild von deinem Seelenpartner in dein Partnerschafts-Tagebuch malen. Du solltest das Ritual jedoch nicht zu sehr überfrachten. Setz besondere Requisiten für besondere Anlässe ein, aber mach die Übung auch ohne sie.

Übung 7:
Die Seelen-Vision vom Traumpartner

1. Zünde Kerzen und Räucherstäbchen an. Im Hintergrund läuft leise Musik. Nimm den Kristall in deine linke Hand und die Zeichnung von deinem Seelengefährten in die rechte. Diese »Hilfsmittel« sollen nur dazu dienen, eine Stimmung von Liebe und Heiligkeit zu erzeugen, damit es dir leichter fällt, dich auf die Seelenpartner-Energie einzustellen.
2. Setz dich bequem hin.
3. Atme dreimal tief ein und aus, und versetz dich in den Zustand der *Aufmerksamkeit ohne Anspannung*.
4. Richte deinen Blick auf das Bild von deinem Seelengefährten. Atme ganz tief ein, und stell dir dabei vor, wie du deine Seelenpartnerschaft mit deinem Atem in dein Leben ziehst.
5. Wiederhole folgende Affirmation mehrmals laut: »Ich und mein Seelenpartner sind eins.«
6. Schließ deine Augen. Stell dir vor, daß das Dreieck der Seelenpartner-Liebe dich umgibt. Schimmerndes, strahlendes Licht umfließt dich.
7. Nun stell dir vor, daß du an einem der Eckpunkte dieses lichtdurchfluteten Dreiecks sitzt. Es ist mittlerweile riesengroß geworden.
8. Du schaust auf und siehst die unermeßliche Flamme der Liebe, der grenzenlosen Harmonie im Zentrum des Dreiecks tanzen. Strahlen der Göttlichen Liebe gehen von ihr aus.
9. Nun richtest du den Blick auf deine Brust und siehst, daß in deinem Herzen eine kleinere

Flamme der Göttlichen Liebe brennt. Lächle, wenn du erkennst, daß diese Flamme, die uns alle aus der Mitte des Universums hegt und nährt, auch in dir leuchtet.

10. Nun suchen deine Augen den anderen Eckpunkt des Dreiecks, um zu sehen, wer dort sitzt. Du erwartest dort deinen Seelengefährten, aber der Platz ist leer.
11. Du schaust nach oben zur Spitze des Dreiecks. Auch diese ist leer.
12. Langsam und deutlich wiederholst du deine Affirmation, doch dieses Mal stellst du dir dabei vor, daß die Stimme Gottes in dir sie spricht: »Ich und mein Seelenpartner sind eins.«
13. Du spürst nun, daß sich an den beiden anderen Ecken des Dreiecks etwas verändert hat. Schau hin und sieh, wie auch dort nun Flammen tanzen.
14. Allmählich nimmt die Flamme am anderen Ende Form an. Du erkennst darin die Qualitäten deines Seelengefährten. Versuch nicht, die Gestalt der Flamme irgendwie zu beeinflussen. Beobachte nur. Sei dir bewußt, daß all das, was du dir je gewünscht hast, jetzt an dieser Stelle Wirklichkeit wird.
15. Nun richtest du den Blick auf die Spitze des Dreiecks, um deiner Dankbarkeit Ausdruck zu verleihen. Du erblickst dort ein Wesen voll unendlicher Liebe. Es könnte ein Schutzengel sein, aber es sieht mehr aus wie zwei Wesen in einem. Plötzlich erkennst du, daß dort das Höhere Selbst deines Seelengefährten mit deinem vereint ist. Du selbst stehst dort und neben dir ein höheres Wesen, ein Abgesandter Gottes.

16. Der Gesandte Gottes öffnet weit seine Arme, und nun siehst du, daß er zweigeschlechtig ist. Seine Handflächen, die jetzt über deinem Scheitel und dem deines Seelenpartners schweben, strahlen spirituelle Energie aus, die durch eure Körper fließt – ein klares, goldenes Licht. Es erfüllt euch mit Frieden, Sicherheit und Liebe. Erlaub dir, in dieser wunderbaren Energie voller Gnade, in diesem Wunder der Schöpfung des gesamten Universums zu verweilen.
17. Nun sagst du deine Affirmation ein drittes Mal, doch diesmal fühlst du, daß ihr drei mit einer einzigen Stimme sprecht: »Ich und mein Seelenpartner sind eins.«
18. Du, dein Seelengefährte und das höhere Wesen verschmelzt zu einer gewaltigen Flamme, die in der Mitte des Dreiecks lodert. Nun sag laut vor dich hin »Es ist vollbracht«, und höre wieder die eine Stimme, die aus euren Kehlen kommt. Du und dein Seelenpartner, ihr seid jetzt auf den tieferen Ebenen des Bewußtseins eine Verbindung eingegangen, deren Verwirklichung in der materiellen Welt nun vorherbestimmt ist.
19. Öffne langsam deine Augen, und sieh dich im Raum um. Du fühlst, wie du zur Erde zurückkehrst. Gönn dir ein paar Minuten, um dich zu erden.
20. Schließlich spürst du einen geheiligten Kuß auf deinen Lippen – es ist der Kuß deines Seelengefährten.
21. Erheb dich, wenn du fertig bist. Stell dich hin, streck dich nach allen Seiten, und sei dir ganz sicher, daß du nun alles Nötige getan hast.

Dein Seelenpartner wird in dein Leben treten. Die heiligsten Kräfte des Universums, die unser Leben lenken, arbeiten für dich.

Tarotkarte I: Der Magier

Wir haben dieses Kapitel mit Tarotkarte I, dem **Magier**, begonnen. Er steht für die Möglichkeit, unser Unbewußtes willentlich zu beeinflussen. Die liegende Acht über seinem Kopf ist das mathematische Symbol für die Unendlichkeit. Es stellt den Keim des Unendlichen in jedem von uns dar, das Entwicklungsmuster, nach dem wir – dem Plan des Kosmischen Willens folgend – wachsen.

Der Magier hält seine rechte Hand hoch über seinen Kopf. Das Szepter, das er nach oben streckt, ist ein uraltes Symbol für Macht, Willen und Autorität. In der über den Kopf erhobenen Hand steckt aber noch eine andere Bedeutung: Der Wille des Magiers steht über seinen persönlichen Wünschen und hält diese unter Kontrolle. Er unterstellt ihn dem Höheren Willen, der den Kosmos beherrscht, und will ihm als Instrument dienen.

Seine linke Hand zeigt zur Erde. Dadurch wird er zu einem Kanal, über den der Kosmische Wille einströmen kann, um sein Werk auf Erden zu verrichten. Genau dafür steht diese Karte: für die Vereinigung von Göttlichem und menschlichem Willen. Auf dieser Vereinigung bauen wir unser Vertrauen auf.

Meditierst du über dieses Bild, wird dein Unbewußtes auf diese Vereinigung eingestimmt. Du wirst zum Magier, zum Mitschöpfer im Garten deines eigenen Schicksals. Es stärkt deine Konzentrationsfähigkeit, deine Fähigkeit, hinter die Erscheinungen zu blicken und innere Vorgänge zu verstehen. Es hilft dir, zu erkennen, was deinen Geist beschäftigt, und ihn deinem Willen zu unterstellen.

Mach diese Meditationsübung zur Karte *Der Magier* jetzt. Spür, wieviel Frieden, Klarheit und Konzentrationsfähigkeit sie dir bringt, wie sie in dir das Gefühl stärkt, eins mit dem Göttlichen Willen zu sein.

Übung 8: Der Magier

1. Atme dreimal tief ein und aus.
2. Meditiere ein paar Minuten lang über der Tarotkarte I. Betrachte einfach die Einzelheiten des Bildes, und stell dir vor, wie es langsam deine Aufmerksamkeit ganz auf sich zieht. Spür, wie es sich in deinem Innersten ausbreitet. Dieses Bild zeigt dir jetzt, wie du deinen Willen und deine Aufmerksamkeit richtig einsetzen kannst, um dein unbegrenztes Potential umzusetzen und deine Lebensaufgabe zu erfüllen.
3. Wiederhole laut und deutlich folgende Affirmation: »Meine Aufmerksamkeit und mein Wille stehen im Einklang mit dem spirituellen, dem Kosmischen Willen.« Öffne dein Herz für die Bedeutung dieser Worte, während du sie sprichst.

Tarotkarte II: Die Hohepriesterin

4
Bleib im Gleichgewicht

In einer Seelenpartnerschaft verwirklicht sich das höchste Potential einer innigen, wirklich liebevollen Beziehung. Die Tiefe dieser Partnerschaft hängt davon ab, in welchem Maße die Liebenden ihr persönliches Potential auszudrücken vermögen. Je intelligenter und geschickter wir unsere schöpferischen Kräfte in unserer Liebesbeziehung einsetzen, um so besser werden unsere Erfahrungen in dieser Partnerschaft sein.

Deine Gedanken und Gefühle, deine Worte und Handlungen beeinflussen deine Sichtweise der Beziehung oder deine Erfahrung als Single. Wenn du all diese Dinge jedoch bewußt einsetzen kannst, wirst du dir über die Folgen deines Tuns im klaren sein und kannst entsprechend handeln. So gewinnst du an Weisheit, Kraft und Liebe, und dein Liebesleben wird dieses Wachstum widerspiegeln.

In jeder Liebesbeziehung gibt es Höhen und Tiefen. Nichts in der Natur bleibt ständig auf dem höchsten Niveau. Wenn du glaubst, daß deine Beziehung anders ist, daß sie dieses himmlische Glück für immer und ewig gepachtet hat, dann solltest du dein inneres Selbst einmal näher befragen. Wiederhole folgende Affirmation dreimal langsam und deutlich, während du deine Gefühle beobachtest: »Für meine innersten Gedanken und Gefühle bin ich völlig offen. Ich bin ehrlich zu mir selbst.« Im Grunde unseres Herzens kennen wir alle die Wahrheit.

Diese Affirmation hilft uns, die Kraft unserer Intuition zu entdecken. Versuch es! Gleich jetzt! Wenn du diese

Affirmation regelmäßig sprichst und dabei genau auf dein Seelenleben achtest, dann wird deine Bewußtheit immer größer – in jeder Hinsicht.

Es kann schwierig werden, im Gleichgewicht zu bleiben in Phasen romantischer Hochstimmungen, in die uns die Liebe bisweilen bringt. Wir wollen uns selbst verlieren, uns voller Leidenschaft diesem neuen Feuer in die Arme werfen, und sind der festen Überzeugung, daß wir endlich unseren Retter, unsere Quelle, die Befreiung vom Alltagsstreß gefunden haben. Doch wenn du dich jetzt verlierst, da alles voller Wunder zu sein scheint, wirst du mit ziemlicher Sicherheit überreagieren, wenn Schwierigkeiten, Rückschläge und Enttäuschungen auftauchen.

Das Gleichgewicht auch dann zu bewahren, wenn deine Liebe an einem Tiefpunkt angelangt scheint, schenkt dir hingegen die Stärke, die du brauchst, um mit den Hochstimmungen richtig umzugehen. Bist du im Gleichgewicht, erfährst du das Licht deiner inneren, höheren Führung. Es führt dich zu dem, was für dein Leben gut und richtig ist. Hast du bereits einen Partner gefunden, so wird es dir zeigen, wie du dieser Verbindung zu immerwährendem Reichtum verhelfen kannst. Je unausgeglichener du nämlich in den Tiefpunkten der Partnerschaft reagierst, um so blockierter bist du, wenn die Höhenflüge wiederkommen. Auf diese Weise wird es dir unmöglich, in deinem Liebesleben eine dauerhafte Verbesserung zu erzielen.

Aber es gibt eine Möglichkeit, wie du jede Erfahrung nutzen kannst, um deinen Mitmenschen zu helfen und selbst die alarmierendsten Probleme auf dieser Welt zu lösen. Das geht wirklich, du mußt es dir nur vorstellen können. Und deine Vorstellungskraft wird deiner inneren Anweisung gehorchen, wenn sie nur klar genug ist.

Wie auch immer dein Problem aussehen mag, erzähl einfach deiner Vorstellungskraft, deinem Unbewußten, deinem inneren Selbst (oder wie auch immer du es nennst) davon, und bitte es um die Lösung. Bitte es, dir den nächsten Schritt zu zeigen oder dir zu sagen, was du tun sollst, um zu erreichen, was du gerne haben möchtest. Warte dann ruhig ab, und achte auf deine Eingebungen. Sie werden dir sagen, was zu tun ist.

Wenn du deine Antwort nicht am selben Tag erhältst, wiederhol deine Bitte. Bist du ungeduldig, ärgerlich und mutlos, verlängerst du damit nur die Wartezeit. Diese Reaktionen geben dir nur das Gefühl, in einer feindlich gesonnenen Welt zu leben. Und schließlich verhältst du dich dann so, als sei dies tatsächlich die Wahrheit.

Widersteh der Versuchung, dir den schlimmsten Fall bildhaft auszumalen, auch wenn es scheint, als stünde die Katastrophe unmittelbar bevor. Bitte deine Vorstellungskraft, dir zu zeigen, was du zur Verbesserung der Lage beitragen kannst. Sie wird deine Bitte erfüllen.

Auch eine Katastrophe ist nur eine Frage der Sichtweise. Und auch sie löst sich schließlich in Wohlgefallen auf. Denn selbst wenn du auf die eine oder andere Weise eine Niederlage erlitten hast, kannst du deine Vorstellungskraft immer noch bitten, dir zu zeigen, wie du diese in einen Triumph umwandeln kannst, der dir genausoviel oder sogar mehr gibt, als du verloren hast.

Eine einfache innere Anweisung hilft dir, deine Vorstellungskraft auf den Weg zu deinem Seelenpartner zu bringen. Sie wirkt um so stärker, je ruhiger, friedvoller und zentrierter du dabei bleibst. Ruf dir die augenblickliche Situation in deiner Partnerschaft oder das Problem, zu dessen Lösung du um geistige Führung bittest, ins Gedächtnis, und sprich laut vor dich hin: »Zeig mir, wie ich weise mit dieser Situation umgehen kann.« Warte dann geduldig auf die Antwort. Sei bereit, sie zu erkennen. Du kannst ein Nickerchen machen oder mit deiner Beschäftigung fortfahren. Vielleicht kommt die Antwort sofort, vielleicht läßt sie aber auch ein paar Tage auf sich warten.

So ging Thomas Edison damit um, wenn er etwas erfinden wollte: Er machte sich das Problem, auf das er gestoßen war, so klar wie möglich und legte sich dann hin, um ein wenig zu schlafen, sicher, daß er beim Erwachen die Lösung haben würde. Und er fand sie – immer.

Man sagt, daß die machtvollste Handlung unseres Tagesablaufs der letzte Gedanke unmittelbar vor dem Einschlafen ist, weil dieser Gedanke die tiefsten Schichten unseres Unbewußten anspricht und dessen schöpferische Kräfte unmittelbar anzieht.

Auch du kannst dir das zunutze machen, indem du in deine letzten Gedanken am Abend die Bitte um Führung einfließen läßt oder dir eine Situation vorstellst, in der du Rat und Hilfe brauchst. Wenn du dann am anderen Morgen wieder aufwachst, ruf dir zuerst deine Frage oder dein Problem ins Gedächtnis, und schau nach, ob sich etwas getan hat.

Dein Liebesleben als Vergangenheit deiner Zukunft

Würdest du gegenwärtig in einer dich vollkommen ausfüllenden Seelenpartnerschaft leben, so würde diese Partnerschaft dein ganzes Leben verändern. Im Rückblick könntest du erkennen, wie jeder einzelne Schritt, den du getan hast, dich genau zu diesem Punkt geführt hat. Alles, was in der Vergangenheit geschah, diente nur dazu, dich auf die Freude und Erfüllung vorzubereiten, die du nun erfährst.

Stell dir nun vor, wie du von diesem Punkt in der Zukunft aus auf die Gegenwart zurückblickst. Was du jetzt erlebst, ist nichts weiter als ein Schritt auf dem Weg zu deiner erfüllenden Liebe.

Die folgende Affirmation soll dich auf diesem Weg führen. Wiederhol sie dreimal langsam und deutlich: »Meine gegenwärtigen Erfahrungen sind nur ein Übergangsstadium auf dem Weg zu einer erfüllenden Liebe.« Richte dein Augenmerk auf die innere Wirklichkeit dieser Worte, während du sie aussprichst. Spür, wie sich das anfühlt. Du kannst diese Übung machen, so oft du willst, aber mach sie auf jeden Fall regelmäßig. Je öfter du übst, um so machtvoller werden deine Erfahrungen damit sein.

Diese Übung stärkt dein Vertrauen in die Gewißheit, daß du die Partnerschaft bekommen wirst, die du dir wünschst. Sie wandelt Sorgen in Freude um und leitet die Energie in die richtigen Bahnen, um deine Wunschbeziehung in dein Leben zu rufen.

Der Lebensbaum

Der Lebensbaum der Kabbala – wie wir ihn auf Seite 9 dargestellt haben – versinnbildlicht die Vereinigung des Männlichen und Weiblichen. Sieh dir das Schaubild an. Die Kreise darin sind in drei Reihen angeordnet, den **Drei Säulen**. Die rechte Säule (Kreis 2, 4 und 7) steht für die männliche, aktive, nach außen gerichtete Kraft, die linke (Kreis 3, 5 und 8) für die weibliche, empfangende, nach innen gerichtete. Die mittlere Säule (Kreis 1, 6, 9 und 10) versinnbildlicht die harmonische Vereinigung der gegensätzlichen Kräfte.

In diesem Bild drückt sich die Zweigeteiltheit des Universums aus, die aus der harmonischen Verbindung von weiblicher und männlicher Energie entstandene Polarität. Ein Gesetz der Kabbala lautet: »Wie oben, so unten; wie innen, so außen; wie im großen, so im kleinen.« Dieser Leitsatz besagt, daß das Gesetz der Verbindung zweier gegensätzlicher Energien nicht nur in den Weiten des

Universums gilt, sondern auch in den Tiefen unserer Seele und für jeden Bereich unseres Lebens.

Unsere Erfahrung lehrt uns, wie wichtig es ist, im Gleichgewicht zu bleiben. So brauchen wir beispielsweise ein gesundes Selbstbewußtsein, um unsere wahre Natur zum Ausdruck zu bringen. Dies ist eine aktive Kraft. Andererseits sollten wir empfänglich und flexibel genug sein, um dieselbe Freiheit auch anderen zuzugestehen. Dies ist die Kraft der Zurückhaltung. Wenn wir auf diese Weise ausbalanciert sind, werden unsere Beziehungen zu anderen Menschen harmonisch sein.

Die mittlere Säule des Lebensbaumes steht für die Kraft, die die Welt im Innersten zusammenhält, die lebendige Spannung zwischen Yin und Yang. Gleichgewicht verbindet, Ungleichgewicht trennt. So ist z. B. ein bestimmter Grad an Aggression nötig, damit wir unsere Ziele erreichen können. Werden wir jedoch zu aggressiv, dann reagieren wir unangemessen, wenn die Dinge nicht so laufen, wie wir es uns vorstellen. Das kann ausgesprochen zerstörerisch für uns und andere sein.

Doch versinnbildlicht der **Lebensbaum** nicht nur das Gesetz der Harmonie und des Gleichgewichts. Er steht auch für den Prozeß des spirituellen Wachstums und stellt die zehn kosmischen Kräfte dar, die unser Leben beherrschen. Dieses Leben neigt von Natur aus zu Harmonie, spiritueller Erleuchtung und Frieden. Tatsächlich gehören diese Kräfte von jeher zu unserem innersten Wesen. Du mußt nur erwachen und es erkennen. Wir leben, denken und handeln so, als müßten wir erst erreichen, was wir uns wünschen. In Wirklichkeit ist es genau diese Vorstellung, die uns das Leben oft so schwer macht. Wir fühlen uns alleingelassen, leer und verloren. Aber sobald du deine Kräfte mit dem Kosmischen Willen in Einklang bringst, werden sich Schönheit, Harmonie und Gleichgewicht ganz natürlich in jedem Bereich deines Lebens einstellen.

Der unterste Kreis des Lebensbaums trägt den Namen **Königreich**. Er steht für die materielle Welt. Auf diese Welt richtet sich dein Bewußtsein, wenn du die Seiten dieses Buchs betrachtest. Im **Königreich** drückt sich das Bewußtsein von der materiellen Ebene dieser Welt aus.

Der neunte Kreis des Lebensbaumes heißt **Grundlage**. Er steht u.a. für unsere unbewußten Motive. Die wahre spirituelle Reise beginnt erst, wenn wir unsere Aufmerksamkeit nach innen richten, um diese unbewußten Kräfte zu entdecken. Bis zu diesem Zeitpunkt kann es nämlich durchaus passieren, daß wir glauben, mit dem Kosmischen Willen in Einklang zu stehen, während wir in Wirklichkeit von unserem Ego angetrieben werden. Doch **Grundlage** bedeutet auch, daß der Kosmische Wille die unerschütterliche Basis unseres Lebens ist.

Der achte Kreis trägt den Namen **Achtung**. Er symbolisiert u. a. den Verstand. Wie ich bereits erwähnt habe, hatte ich zunächst keine Ahnung, wie mechanisch, ineffektiv und selbstzerstörerisch mein Denken ablief, bevor ich mich nicht bewußt damit beschäftigte. Wenn wir mehr und mehr Klarheit über unser inneres Selbst und unsere Motive gewinnen, entsteht für uns eine weitere Aufgabe: Wir müssen die Energie unserer Gedanken dem Kosmischen Willen unterstellen. Jedesmal wenn unbewußte Gewohnheiten, Emotionen oder Begierden Macht über deinen Geist gewinnen, ist er den Launen des Ego unterworfen. **Achtung** drückt auch aus, daß alles, was aus dem Kosmischen Willen entsteht, bis in alle Ewigkeit heilig ist.

Der siebte Kreis wird **Sieg** genannt. Er steht für die Macht von Emotionen und Begierden. Folgst du ausschließlich deinen Emotionen und persönlichen Wunschvorstellungen, bist du taub für den Kosmischen Willen. Emotionen sind zwar nicht grundsätzlich schlecht, doch wie der Intellekt müssen auch sie durch unser Höheres

Bewußtsein gelenkt werden. Das ist eine der Aufgaben, die wir zu erfüllen haben. **Sieg** bedeutet daher auch, daß der Kosmische Wille immer siegreich bleiben und niemals unseren persönlichen Wunschvorstellungen unterliegen wird.

Der sechste Kreis trägt den Namen **Schönheit**. Er steht für die spirituelle Sonne, die das Licht unserer wahren Persönlichkeit in unser Leben trägt. Das Universum hält einen Plan für dich bereit. Der sechste Kreis empfängt ihn von »oben« und erhellt dir den Weg, der dich dorthin führt. Solange du wie besessen versuchst, dein Leben selbst zu kontrollieren, bleibt dir dieser Pfad verborgen. Also werden wir wiedergeboren und verbringen ein Leben nach dem anderen damit, unter unserem Ego zu leiden. So lange, bis wir bereit sind, uns dem Kosmischen Willen endlich ganz anzuvertrauen. **Schönheit** bedeutet auch, daß der Kosmische Wille ein Kind Göttlicher Liebe ist.

Der fünfte Kreis heißt **Strenge**. Er versinnbildlicht den Kosmischen Prozeß der Zerstörung. Er bringt Verlust auf allen Ebenen mit sich. Wir können uns ihm nicht entziehen. Ebenso natürlich, wie nach dem Einatmen das Ausatmen kommt, folgt auf eine Zeit des Aufbaus, der Ausweitung und der Vereinigung eine Zeit des Verlustes, der Zerstörung und Verminderung. Durch unsere Verluste wird unser Weg klarer. Sie lehren uns, nur auf das Ewige zu bauen. Der fünfte Kreis wird auch **Gerechtigkeit** genannt, da Gerechtigkeit das Universum regiert, auch wenn wir das nicht immer erkennen.

Der vierte Kreis trägt den Namen **Barmherzigkeit**. Er steht für das Gegenteil von Strenge. In ihm drückt sich der immerwährende Prozeß des Aufbaus und der Ausdehnung aus. Vergegenwärtige dir dein Leben, und du wirst sehen, daß immer irgend etwas wächst und heranreift. Sogar in Zeiten schwerer Verluste gibt es immer etwas, was gedeiht. Deine Persönlichkeit, dein Wahres Selbst, ist in diesem Kreis angesiedelt. Die Stellung dieses Kreises im Lebensbaum bedeutet, daß alle Kreise, die darunterliegen, ihm ihre Kräfte zur Verfügung stellen. Hat jemand z.B. den Bewußtseinsgrad erreicht, in dem ihm das Universum nichts mehr nimmt, so hat er selbst erkannt, was er aufgeben muß, und tut dies freiwillig. Barmherzigkeit bedeutet auch, daß der Kosmische Wille immer barmherzig ist und uns mit all der Fülle beschenkt, mit der wir umgehen können.

Kreis drei ist **Wissen**. Er symbolisiert die Kräfte der Einschränkung, Eindämmung und Begrenzung. Jeder Fortschritt wird von diesen Einschränkungen und Begrenzungen begleitet. Doch das Ego lehnt sie gewöhnlich einfach ab. Dieser Kreis wird häufig auch als Große Mutter bezeichnet, da die Begrenzungen deines Lebens dich einhüllen wie der Schoß einer Mutter. Was du nicht haben kannst, nährt und schützt dich genauso wie das, was du besitzt. Für eine wirkliche innere Entwicklung sind Freiheit und Zwang gleichermaßen nötig. Wissen besagt auch, daß der Kosmische Wille immer versteht – weit über die Grenzen des Verstandes hinaus.

Der zweite Kreis heißt **Weisheit**. Er stellt die Kräfte im Universum und in uns selbst dar, die unser Wachstum, unsere Entwicklung und unsere Veränderung im Einklang mit dem Kosmischen Willen anregen. Diese Kraft bringt das Universum hervor – zusammen mit der einschränkenden Kraft des Wissens. Zuviel von dieser Schöpferkraft führt nur zu Zerstörung und Chaos. Um dies zu verhindern, dafür brauchen wir die einschränkende Kraft des Wissens. Weisheit bedeutet auch, daß der Kosmische Wille voller Weisheit ist.

Schließlich kommen wir zum höchsten Kreis des Lebensbaumes, der **Krone**. Die Krone steht für den Kosmischen Willen, der der Schöpfung zugrunde liegt und sie lenkt. Dies ist die größte Kraft des Universums, die höchste Form Göttlicher Energie. Das Ziel jedes spirituellen Wegs ist die Vereinigung mit diesem Punkt. Und doch können wir nicht einmal anfangen, an dieser Einheit zu arbeiten, wenn wir uns nicht zuvor die Kräfte der vierten Ebene, wo unser Wahres Selbst liegt, angeeignet haben.

Meditieren wir über den Lebensbaum und seine Bedeutung, so entsteht in uns allmählich ein Bewußtsein der inneren Ebenen unseres Selbst. Er erinnert uns an die wahre spirituelle Entwicklung, die wir durchlaufen. Der Lebensbaum als Ganzes versinnbildlicht das Selbst, das auf jeder Ebene in Einklang mit dem Kosmischen Willen steht. Die körperliche und materielle Ebene (Kreis 10) sowie die Kräfte des Ego (Kreis 9, 8 und 7) werden geführt vom wahren Licht der Persönlichkeit (Kreis 6) oder des Höheren Selbst (Kreis 4).

Bist du mit dem Bild des Lebensbaums erst einmal richtig vertraut, hilft er dir zu erkennen, wann dein Ego die Kontrolle über dein Leben übernimmt. Unsere wahre spirituelle Entwicklung wird dadurch gestört. Dies läuft meist nach einem bestimmten Muster ab, das die Kreise sieben, acht, neun und zehn miteinander verbindet: Wir haben eine bestimmte Idee oder einen Gedanken (Kreis 8) und verbinden ein starkes Begehren oder eine andere emotionale Reaktion damit (Kreis 7). Beides wandert dann als Glaubenssatz in unser Unterbewußtsein. Auf der materiellen Ebene (Kreis 10) handeln wir nun, als ob das, was wir glauben, unbedingt wahr sei. Unsere Aufgabe als spirituelles Wesen besteht darin, unsere Aufmerksamkeit nach innen zu lenken und uns diesen Prozeß bewußtzumachen. Wenn wir uns der Handlungsmuster des Ego bewußt werden, können wir aufhören, uns damit zu identifizieren. Damit kommen die harmonischen, ausgleichenden Kräfte ganz natürlich zur Entfaltung.

Übung 9: Der Lebensbaum

1. Atme dreimal tief ein und aus, und versetz dich allmählich in den Zustand der *Aufmerksamkeit ohne Anspannung*.
2. Betrachte einige Minuten lang das Bild des Lebensbaumes. Stell dir vor, wie beim Einatmen das Muster aus Pfaden und Kreisen bis tief in dein Innerstes dringt, deine Zellen in harmonische, ausgleichende Schwingungen versetzt und deinen Körper, deine Gefühle, dein Begehren, deinen Verstand mit deinem höchsten spirituellen Ziel in Einklang bringt.
3. Sprich danach die folgende Affirmation: »Ich bin der Baum, und der Baum ist ich. Ich bin also zutiefst mit den Kräften des Universums verbunden.« Wiederhole dies dreimal nacheinander, und spür dabei die innere Wahrheit dieser Worte.

Mangelndes Gleichgewicht und seine Früchte

Als ich 16 war, fing meine damalige Freundin an, in einer anderen Stadt zu studieren. Wir waren mehr oder weniger (meist mehr) zusammen, seit wir zwölf waren. Wir liebten uns, aber sie war auch einfach meine beste Freundin. Wir unternahmen alles gemeinsam.

Als sie abfuhr, war ich völlig am Boden zerstört. Ich gab mich einer grenzenlosen Traurigkeit hin. Ich dachte, das sei romantisch, genau das, was man von einem Liebenden erwarten würde. Ich schwelgte so richtig darin. Ich aß nicht, konnte nicht arbeiten und unsere Telefonrechnung nahm gigantische Ausmaße an. Heute würde man mich wohl als Beziehungssüchtigen bezeichnen.

Erst später sollte ich erfahren, welche Probleme diese Art von emotionaler Abhängigkeit hervorrufen kann.

Jahre später, als meine erste Ehe auseinanderging, waren meine Gefühle vollständig außer Kontrolle geraten. Der emotionale Aufruhr in mir führte dazu, daß ich mich nicht mehr auf meine Arbeit konzentrieren konnte. Meine Leistungen litten immer mehr darunter, bis meine Karriere schließlich mehr oder weniger den Bach runterging. Ich war von dem Gedanken an eine Frau besessen, von der ich nicht einmal wußte, ob ich sie wirklich liebte. Ich war nicht in der Lage, das, was ich über das Leben, seine Weisheit und den spirituellen Weg gelernt hatte, auch anzuwenden. Am Ende war ich pleite, war mir meiner selbst nicht mehr sicher und fühlte die lastenden Schatten einer Geisteskrankheit näherrücken, da ich unter ständigen Angstzuständen litt.

Ich begriff einfach nicht, was diesen Teufelskreis ausgelöst hatte. Erst als ich auf meine Vergangenheit zurückblickte, erkannte ich, daß ich einzig die Früchte dessen erntete, was ich gesät hatte, als meine Jugendliebe die Stadt verließ: Meine Gefühle waren einfach nicht im Gleichgewicht. Die Muster meiner emotionalen Abhängigkeit hatten jahrelang auf der Lauer gelegen, bereit, ihr alles zerstörendes Feuer zu entfachen, sobald die Umstände paßten.

Ich bin dankbar für diese Erfahrung. Ich habe einen der wichtigsten Grundsätze im Leben gleichsam aus erster Hand gelernt. Meine Erfahrung zeigte mir, daß jede Handlung nur zu noch größerem Unglück führt, wenn man emotional aus dem Gleichgewicht gerät.

Das Gleichgewicht vor Augen

Das Gleichgewicht zu bewahren heißt nicht, daß wir jegliche Freude aus unserem Leben vertreiben. Du lernst bloß, sinnvollere Entscheidungen zu treffen, weil du klarer denken, besser beobachten und die Führung deiner Intuition, deines inneren Lichtes annehmen kannst.

Ausgeglichenheit setzt in dir die Kräfte frei, die du brauchst, um dein Leben nach deiner tiefsten, inspirierendsten Vision auszurichten. Beobachtest du ausgeglichen, was um dich herum geschieht, so kannst du dich besser auf die Führung deiner angeborenen, höchsten Weisheit einstellen. Du kannst auf dein Herz und seine mitfühlenden Ratschläge hören. Du kannst deine Vorstellungskraft einsetzen, um herauszufinden, was du wirklich geschehen lassen möchtest und was du tun kannst, damit es auch eintritt.

Wenn wir nicht im Gleichgewicht sind, haben wir auch keine Kontrolle über unsere Vorstellungskraft, und wir können einfach nur auf die Bilder reagieren, die sie uns eingibt. Unsere Erwartungen stimmen nicht mit der Wirklichkeit überein, und wir projizieren sie in unsere Außenwelt.

Sehr häufig hält uns die irrige Vorstellung, daß wir uns nicht mehr um die Verbesserung unserer Situation zu bemühen brauchen, wenn wir das Leben annehmen, wie es ist, davon ab, innere Ausgeglichenheit anzustreben. Das scheint zwar logisch, aber tatsächlich ist genau das Gegenteil der Fall.

Du wirst die Lebensumstände anziehen, die du dir innerlich vorstellst. Je lebhafter, tiefgreifender und genauer deine Vorstellung von den Erfahrungen ist, die du machen willst, um so harmonischer wird die entsprechende Wirklichkeit sein. Ausgeglichenheit ist die Grundlage, von der aus du deine Einstellungen lenken, deiner höchsten inneren Führung folgen und deine Ziele verwirklichen kannst.

Eine Möglichkeit, dein inneres Gleichgewicht zu stärken, ist, dich immer wieder an Augenblicke der Ausgeglichenheit zu erinnern. Deine Erinnerung wird diesen Zustand anziehen – dein Unbewußtes erhält die Botschaft, daß du genau diesen Zustand erreichen möchtest, und hilft dir dabei. Diese Übung wird vermutlich keine unmittelbaren, drastischen Veränderungen nach sich ziehen. Doch ganz allmählich wird der Keim deiner Absicht deutlich wahrnehmbare Früchte tragen, bis die Ausgeglichenheit dir schließlich zur Gewohnheit geworden ist. Und deine Fähigkeit, immer darauf zu hören, was du wirklich willst, und deiner eigenen höchsten Führung zu folgen, wird immer stärker werden und wachsen, bis sie tief in dir verwurzelt ist.

Durch die Wüste gehen

Als Robert ihr mitteilte, daß er eine andere liebte, brach für Anne eine Welt zusammen. Niemals in ihrem ganzen Leben hatte sie so sehr die Kontrolle über ihren Körper und ihre Gefühle verloren. Sie konnte kaum noch atmen, Wellen von Panik überfluteten sie, als sie den Hörer fallen ließ und schluchzend nach draußen lief.

Anne wußte, daß sie unbedingt ihre Selbstkontrolle wiedererlangen mußte. Als sie die Straße entlangging, versuchte sie, sich auf ihren Atem zu konzentrieren. Hinter ihrem Appartmenthaus begann das Wüsten-Naturschutzgebiet. Es war zwar schon spät abends, aber in Phoenix ist es auch im September nachts noch ziemlich heiß.

Weiterhin konzentrierte sie sich nur auf ihren Atem. Sie beobachtete, wie die Luft durch Nase und Mund ein- und ausströmte. Jedesmal wenn sie im Geist zu dem Telefongespräch zurückkehrte, zu Bildern von Robert und der anderen Frau (die sie zwar nie gesehen hatte, sich aber trotzdem blonder, leidenschaftlicher und sinnlicher vorstellte, als sie es war), wurde sie wieder von Panik überschwemmt.

Und jedesmal kehrte sie zurück zu ihrem Atem. Sobald ein negativer Gedanke auftauchte, konzentrierte sie sich auf das Jetzt, auf ihren Atem. Schließlich bemerkte sie, daß der Schmerz nachließ, wenn sie sich auf ihren Atem besann. Die alptraumhaften Bilder von Demütigung und Betrug verschwanden im Nichts. Und solange sie ihren Atem beobachtete, blieben sie auch weg.

Eine Zeitlang spielte sie Tauziehen mit ihrem Geist. Immer wenn diese Gedanken wiederkamen, konzentrierte sie sich auf ihre Atmung. Immer wenn ein Gedanke sich auszubreiten drohte, ließ sie ihn fallen und kehrte zu ihrem Atem zurück.

Und langsam gewann sie die Oberhand. Sie setzte ihren Weg durch die mondbeschienene Wüste fort. Allmählich entspannte sie sich, nahm den angenehmen Duft des wilden Salbeis wahr.

Plötzlich ertappte sie sich dabei, wie sie den Spaziergang sogar genoß. Sie dachte an die eisige Kälte in Michigan, wo sie aufgewachsen war. *»Atmen, atmen, bleib bei deinem Atem«*, sagte sie sich.

Die Saguaro-Kakteen sahen im Mondlicht einfach wunderbar aus. Wie freundliche Riesen, die sie behüteten. *»Atmen, atmen, bleib bei deinem Atem.«*

Sie atmete tief ein und entspannte sich. Ihr Atem war Sieger geblieben.

Bis zu diesem Augenblick hatte sie geglaubt, ihren Emotionen hilflos ausgeliefert zu sein. Wenn früher eine ihrer Liebesbeziehungen gescheitert war, verfiel sie in tiefste Depression, litt sogar unter Panikanfällen. Doch im letzten Jahr hatte sie hart daran gearbeitet, ihre Aufmerksamkeit endlich bewußt steuern zu können. So konnte sie von den Gedanken, die ihr das emotionale Gleichgewicht raubten, einfach die Energie abziehen.

Und nun blieb sie zum ersten Mal Siegerin. Die Spannung war verschwunden. Und wenn die gescheiterte Beziehung mit Robert der Preis dafür sein sollte, dann war sie gerne bereit, ihn zu bezahlen. Sie dachte nicht einmal daran, ihn anzurufen, als sie in ihre Wohnung zurückkam. »Laß ihn gehen, wenn er unbedingt will. Ich werde jedenfalls nicht herumhängen und auf ihn warten, während er gerade seine neue Romanze ausprobiert.«

Zwei Wochen später rief Robert wieder an. Sie glaubte weiterhin an sich, so daß es ihr nicht schwerfiel, die Fassung zu bewahren. Robert entschuldigte sich. Er sagte ihr, daß er sie immer noch liebe, und machte ihr einen Heiratsantrag. Ganz kurz richtete sie ihre Aufmerksamkeit nach innen, um zu sehen, wie sie wirklich dazu stand, denn früher hätte ihre Angst vor Ablehnung sie auf jeden Fall zu einem Ja getrieben. Nun konnte sie die Angst wie eine Welle vorüberziehen lassen. Angst ist wirklich keine gute Grundlage für eine Ehe, dachte sie. Und was hielt sie nun wirklich von Robert?

»Nein«, sagte sie. »Aber trotzdem vielen Dank.«

Robert verfolgte Anne noch mehrere Wochen lang mit seinem Antrag, jedoch ohne den geringsten Erfolg. Schließlich begriff er und rief sie nicht mehr an. Anne aber widmete sich im folgenden Jahr ganz dem Genuß ihrer neugewonnenen emotionalen Unabhängigkeit und Ausgeglichenheit. Sie lernte in dieser Zeit niemanden kennen, für den sie sich wirklich interessiert hätte, aber sie empfand Freude über sich selbst und ihr seelisches Gleichgewicht, das sie stützte.

Schließlich lernte sie auf einer Party ihres Freundes

Willy kennen. Sie merkten bald, daß sie sehr ähnliche Lebensziele hatten. Viele davon sollten sie gemeinsam erreichen.

Nicht-Denken

Meiner Erfahrung nach wird ein großer Teil des von körperlichen Leiden verursachten Schmerzes von der Vorstellungskraft geschaffen. Jedesmal wenn ich Schmerzen empfinde, stelle ich mir vor, daß sie ewig dauern. Das Leiden wird noch dadurch erhöht, daß ich mir ständig die Verletzung, die es ausgelöst hat, vergegenwärtige. Dies verursacht Streß. Darüber hinaus male ich mir aus, was noch alles passieren könnte, wodurch das Leiden schlimmer und die Schmerzen stärker werden könnten. Dies bringt noch mehr Streß mit sich, der dann wiederum die Schmerzen verstärkt und so dem Teufelskreis von Schmerz, negativem Denken und Streß neue Nahrung gibt.

Die Fähigkeit, bewußt nicht zu denken, ist in Zeiten großer körperlicher oder emotionaler Anspannung, in Zeiten unmittelbarer Gefahr und heftiger Schmerzen eine wunderbare Hilfe. Sobald ich mich auf die Gegenwart konzentriere und das Denken einfach sein lasse, löst sich jedes meiner »Probleme« in Luft auf. Ich bin im Hier und Jetzt, bin ganz von selbst friedlich und entspannt. Was wir für ein Problem halten, ist nur eine bestimmte Art und Weise, eine Situation wahrzunehmen. Sehr häufig stellt die Natur in unserem Leben Frieden, Gleichgewicht und Harmonie von selbst her, wenn wir ihr nicht mit unseren Sorgen und Ängsten in den Rücken fallen, sondern Vertrauen in unsere natürlichen Neigungen entwickeln. Unser Leben ist wie das Wasser, das immer zur Ruhe kommt, wenn es nicht durch äußere Kräfte aufgewühlt wird.

Die folgende Übung soll dir zu mehr Bewußtheit verhelfen. Du lernst dabei, wie du deine Aufmerksamkeit lenken und dein emotionales Gleichgewicht herstellen und erhalten kannst. Gleichzeitig wird deine Einsicht in eine erleuchtetere Form des Lebens geweckt oder vertieft. Diese Übung beruht auf der jahrtausendealten buddhistischen Praxis der *Achtsamkeit*.

Mach diese Übung, solange du möchtest. Um zu spürbaren Ergebnissen zu gelangen, solltest du sie wenigstens zwischen drei und fünf Minuten praktizieren. Aber es ist auf jeden Fall besser, nur eine Minute zu üben als überhaupt nicht. Meine längste Sitzung dauerte etwa 45 Minuten am Stück. Das Ergebnis war einfach umwerfend. Ich fühlte mich absolut frei, frei vom Zwang zu denken, von jeglicher Empfindung, jeglichem Wunsch. Was ich dabei erfuhr, war eine Art von erleuchteter Wirklichkeit, die reiner, *greifbarer*, unmittelbarer war als alles, was ich bisher erlebt hatte. Diese Erfahrung steht mir heute noch so klar und lebhaft vor Augen wie vor 20 Jahren.

Diese Übung stärkt also nicht nur deine Bewußtheit, sie verhilft dir auch zur Fähigkeit, bewußt *nicht zu denken*. Wenn du sie erst einige Zeit lang regelmäßig praktiziert hast, kannst du jeden unnützen, unliebsamen Gedanken, dem du gerade nachrennst, abstellen, indem du dich ganz einfach auf deinen Atem konzentrierst.

Ich kann dir diese Übung gar nicht genug ans Herz legen. Im Buddhismus nennt man sie den »Weg zur Befreiung vom Leiden«. Wenn du wirklich möchtest, daß dein Leben sich entscheidend verbessert, dann praktiziere einen Monat lang täglich diese Übung. Das kannst du sogar abends im Bett tun, bevor du einschläfst.

Übung 10: Bewußtes Atmen

1. Diese Übung kannst du im Sitzen, Stehen und sogar im Gehen machen. Wenn du sie im Sitzen machen willst, dann achte darauf, daß du es bequem hast und daß deine Wirbelsäule aufrecht ist. Setz dich dazu am besten im Knie- oder Schneidersitz hin.
2. Schließ deine Augen, und konzentrier dich auf deinen Atem. Fühl, wie die Luft in deinen Nasenlöchern ein- und ausströmt. (Oder durch den Mund, wenn du nicht durch die Nase atmen kannst.)
3. Achte auf deine körperlichen Empfindungen, während du einatmest.
4. Wenn die Einatmung ihren höchsten Punkt erreicht hat, fühl, wie es ist, wenn keine Luft mehr strömt.
5. Achte auf deine körperlichen Empfindungen, während du ausatmest.
6. Wenn die Ausatmung ihren tiefsten Punkt erreicht hat, spür, wie es ist, wenn keine Luft mehr aus- und einströmt.
7. Sei dir während des Einatmens bewußt, daß du nun einatmest.
8. Sei dir während des Ausatmens bewußt, daß du nun ausatmest.
9. Fühl, wenn die Einatmung ihren Gipfelpunkt erreicht hat.
10. Spüre, wenn die Ausatmung ihren höchsten Punkt erlangt hat.
11. Versuch nicht, deinen Atem zu steuern. Du beobachtest ihn nur, seinen ganz natürlichen

Fluß, den dein Körper, nicht dein Wille, ihm vorgibt.

12. Jedesmal wenn ein Gedanke, ganz gleich welcher Art, von dir Besitz zu ergreifen droht, laß ihn los und wende dich wieder deiner Atmung zu.

Die Wellen der Liebe

Marion und ihre jüngere Schwester Rita saßen am Strand. Sie sahen den Wellen zu und lauschten dem Geräusch der heranstürzenden Brandung. Rita machte gerade eine schwierige Zeit in ihrer Beziehung durch. Sie ertappte sich ständig dabei, wie sie ihren Partner kritisierte. Es schien, als könne er nichts so tun, wie sie es gut fand und gerne gehabt hätte.

»Ich habe die Übung ausprobiert, die du mir empfohlen hast«, meinte sie. »Du weißt schon, die eine, bei der man seine Gedanken und Gefühle beobachtet. Nun, ich habe herausgefunden, daß ich sehr oft negativ über ihn denke. Ich denke häufig, daß er unfähig ist. Und dann denke ich von mir selbst schlecht, weil ich glaube, irgend etwas kann mit mir doch nicht stimmen, wenn ich mit jemandem zusammen bin, der einfach nicht weiß, wie man die Dinge geschickt anpackt.«

»Liebst du ihn denn noch?«

»Das ist es ja! Ich bin so wütend auf ihn, daß ich gar nicht mehr weiß, was ich fühle. Er löst ständig Wut in mir aus, soviel ist klar!«

»Aber *liebst* du ihn denn, Rita?«

»Er kann manchmal so wunderbar sein, aber das Leben

mit ihm ist ganz schön anstrengend.« Als brauchte sie Schutz, schlang sie die Arme um ihre Knie.

Da erzählte Marion ihr von den Zyklen. »Alles geht und kommt wie die Wellen des Ozeans«, sagte sie. »In meiner Beziehung mit Rolf habe ich vor allem begriffen, daß das Leben harmonischer und ausgeglichener verläuft, wenn du diese Zyklen von vornherein begreifst und akzeptierst.«

»Das hilft mir, es nicht persönlich zu nehmen, wenn er nicht tut, was ich will. Denn würde er es dieses Mal tun, so würde er es ein anderes Mal dafür wieder bleiben lassen. Niemand kann mir ständig alles recht machen. Das hat nichts mit meinem Wert als Mensch zu tun. Das Leben ist nun einmal so.«

»Das hört sich ganz schön deprimierend an«, murmelte Rita, und ihre Stimme ging im Geräusch der Wellen fast unter.

»Das dachte ich auch, bis ich endlich begriff, daß dies nur meine Reaktion auf den ganz gewöhnlichen Lauf der Dinge war. Du kannst die Gesetze der Natur nicht ändern, aber du kannst dich ihnen anpassen.«

Rita beobachtete eine Möwe, die sich vom Himmel fallen ließ, in den Ozean eintauchte und mit einem Fisch im Schnabel wieder hochkam. »Während der ganzen Evolution haben wir Menschen gelernt, uns körperlich an fast alle Gegebenheiten auf der Erde anzupassen«, sagte sie in gedankenverlorenem Ton, fast als spräche sie mehr zu sich selbst als zu ihrer Gefährtin. »Wahrscheinlich ist es jetzt einfach an der Zeit, daß wir uns die Gesetze des Gefühlslebens zu eigen machen.« Eine Horde kreischender Möwen erfüllte den Himmel mit ihrem Gelächter. Rita ließ ihre Knie los, streckte die Beine aus und legte ihre Hand auf die ihrer Schwester. »Danke, Schwesterchen.«

Das Gesetz der Zyklen

Eines der Gesetze in der natürlichen Ordnung der Dinge ist das Gesetz der Zyklischen Abfolge. Buchstäblich alles in der Natur folgt einem zyklischen Muster. Winter und Sommer wechseln einander ab, Frühling und Herbst. Auch unser Liebesleben ist vom Wechsel geprägt.

Wenn wir darauf bestehen, in einer *nicht* von Zyklen bestimmten Welt zu leben, bringt uns das durch falsche Anschauungen nur unnötiges Leid ein. Positive und negative Zyklen werden einander immer abwechseln. Daher ist es klug, wenn wir uns auf beide einstellen und lernen, mit *beiden* zu leben. Je mehr du deine Fähigkeiten auf diesem Gebiet erweiterst, um so reicher, glücklicher und sinnvoller werden deine Erfahrungen in beiden Zyklen sein.

Ich habe mir z.B. sehr häufig unnötiges Leiden dadurch verursacht, daß ich meine Sicht meiner selbst, meines Lebens, anderer Menschen und der Welt im allgemeinen festlegte, wenn ich gerade in einer Phase der Unausgeglichenheit war. Denn wenn es mir gutgeht, sehe ich nur das, was ich sehen will. Über wichtige Einzelheiten gehe ich dann großzügig hinweg. Das führt sehr schnell zu Enttäuschungen. Handle ich aber aus einem Tief heraus, voller Ärger oder Trauer, scheint alles hoffnungslos, und ich übersehe gute Gelegenheiten.

Die Art und Weise, wie ich mit einem Tief umgehe, wirkt sich auch darauf aus, wie ich das nächste Hoch anpacke. Je ausgeglichener ich bleibe, wenn die Dinge nicht so gut laufen, wie ich es gerne hätte, um so gelassener kann ich reagieren, wenn alles gut läuft. Und umgekehrt.

Doch es gibt eine Möglichkeit, wie du dir bewußtmachen kannst, in welcher Phase du innerlich gerade bist. Ich nenne es die *Partnerschaftskurve*. Nimm dein Partnerschafts-Tagebuch zur Hand, und male eine wellenförmige

Kurve hinein. An den höchsten Punkt malst du ein Pluszeichen, an den niedrigsten ein Minuszeichen. Diese Kurve steht für den wiederkehrenden Rhythmus in allen Dingen. Wo würdest du dein gegenwärtiges Liebesleben auf dieser Kurve einzeichnen? Ist es absolut befriedigend für dich, dann setz es an den höchsten Punkt der Kurve. Ist es schlimmer denn je, dann an den niedrigsten.

Betrachtest du nun deine Kurve, dann wirst du feststellen, daß sie nicht nur Hoch- und Tiefpunkte, sondern auch Punkte dazwischen hat. Denkst du, daß deine augenblickliche Lage am ehesten zwischen Hoch- und Tiefpunkt liegt – nicht gerade himmelhoch jauchzend, aber auch nichts, worüber man sich Sorgen machen müßte –, dann trag ein Kreuz an einem der mittleren Punkte ein. Auch wenn du dich ausgesprochen harmonisch und ausgeglichen fühlst, sollte dein Kreuz ziemlich nahe an einem der mittleren Punkte liegen. Je aufregender und atemberaubender du deine augenblicklichen Erfahrungen findest, um so höher sollte das Kreuz wandern. Bist du dagegen in einem stimmungsmäßigen, gesundheitlichen oder energetischen Tief, dann setz das Kreuz näher an den Tiefpunkt.

Diese Übung hat mir geholfen, zu erkennen, wo ich – ausgehend von einem Zustand völliger Harmonie und Ausgeglichenheit – gerade stehe. Das ist für mich so wichtig, weil ich weiß, daß ich mit meinen Gedanken, Gefühlen, Äußerungen und Handlungen um so vorsichtiger sein muß, je stärker ich aus dem Gleichgewicht gekommen bin. Unausgewogenheit wird nämlich durch übereilte Handlungen meist nur noch verschlimmert. Es ist mir aber auch schon oft passiert, daß ich anhand der Kurve feststellen konnte, daß ich gar nicht so sehr aus der Balance bin, wie ich geglaubt hatte.

Wenn du regelmäßig mit deiner *Partnerschaftskurve* arbeitest, wirst du das wellenförmige Muster in allen Ereignissen auch für dich selbst entdecken. Dann kannst du dich in einem Tief daran erinnern, daß bald ein Hoch kommen wird, und dieses Wissen wird dich mit Hoffnung erfüllen. Und du wirst in Hoch-Zeiten wissen, daß die Dinge nicht immer auf diesem Level bleiben können. Das kann dich vor Schrecken, Enttäuschung und Verwirrung bewahren, wenn das unvermeidliche Tief folgt.

Setz diese Affirmation ein, um einen ausgewogeneren, harmonischen Zustand in dir zu unterstützen: »Ich fühle mich vollkommen ausgeglichen, harmonisch und voller Frieden.« Wiederhole diese Affirmation dreimal. Konzentriere dich dabei auf deine innere Erfahrung, für die diese Worte stehen.

Tarotkarte II: Die Hohepriesterin

Am Anfang dieses Kapitels steht die Tarotkarte II, **Die Hohepriesterin**. Dieses Bild steht für das Unbewußte, das als reiner Kanal für das Höhere Bewußtsein dient. Der Vorhang hinter ihr bedeutet, daß sie gleichsam deine Eintrittskarte zu geheimem Wissen ist. Näherst du dich ihr auf die richtige Weise, also ausgeglichen und voll innerem Frieden, so wird sich der Vorhang heben und dir das Wissen, das du suchst, enthüllen.

Die Hohepriesterin sitzt zwischen einer weißen und einer schwarzen Säule. Diese Position steht für Ausgeglichenheit, Harmonie und Gleichmut. Das gleichschenklige Kreuz auf ihrer Brust hat dieselbe Bedeutung. Auf dem Kopf trägt sie Schmuck, der aus zwei Halbmonden und einem Vollmond dazwischen besteht. Dieser Kopfschmuck zeigt, daß sie für das Unbewußte steht. Der Mond ist ein uraltes Symbol für das Unbewußte, das die Bilder und Vorstellungen der Wirklichkeit hervorbringt, die Unwissende für real und außerhalb ihrer

Macht stehend ansehen. Nur Erleuchtete begreifen, daß das Unbewußte durch ihren Höheren Willen, ihre Weisheit und Liebe sanft gelenkt werden kann.

Übung 11: Die Hohepriesterin

1. Atme dreimal tief ein und aus.
2. Meditiere ein paar Minuten lang über die Tarotkarte II. Betrachte einfach die Einzelheiten des Bildes, und stell dir vor, wie es langsam deine Aufmerksamkeit ganz erfüllt. Spür, wie es sich in deinem Inneren ausbreitet. Dieses Bild zeigt dir jetzt, wie du die Kräfte deines Unbewußten nutzen kannst, um dein grenzenloses Potential umzusetzen und deine Lebensaufgabe zu erfüllen.
3. Wiederhole mehrmals folgende Affirmation: »Mein Unbewußtes arbeitet ständig auf vollkommene Weise an der Erfüllung meines spirituellen Potentials.«
4. Hast du diese Affirmation erst einmal ausgesprochen, so sei dir bewußt, daß die Hohepriesterin in dir mit deinem Höheren Willen zusammenarbeitet, um die Erfahrungen in dein Leben zu ziehen, die für dich am besten sind.

Tarotkarte III: Die Herrscherin

5

Vertrau dir! Du bist es wert!

Es steht geschrieben, daß sich Tiefpunkte, wenn sie ihr volles Ausmaß erreichen, in Höhepunkte verwandeln. 99 Prozent unseres Leidens entstehen durch einen Mangel an Vertrauen. Nur weil wir nicht genügend Vertrauen haben, sträuben wir uns gegen Veränderungen und erleben sie als Verlust. Doch dabei geben wir unsere alten Begrenzungen auf. Wir kämpfen dagegen an, über diese Grenzen hinauszuwachsen und mehr Kraft, Freiheit, Freude zu erleben.

Georg war fast 50, als seine Frau ihn wegen eines anderen Mannes verließ. Gerade als er dachte, daß es nun wirklich nicht mehr schlimmer kommen könne, starb sein einziges Kind, ein Sohn von 17 Jahren, bei einem Autounfall. Schließlich fühlte er sich vollkommen verlassen – er hatte keine Familie und keine Freunde mehr. Sein Leben schien sinnlos geworden zu sein.

Seine Arbeit bedeutete ihm nichts. So brachte er seine Tage herum. Abends kam er in seine leere Wohnung, wo er nichts zu tun hatte, als auf den Schlaf zu warten, der ihn von seiner dauernden Anspannung kurzfristig erlösen sollte. In sein Tagebuch, das er hin und wieder führte, schrieb er, daß ihm schon das bloße Weiterleben unendlich schwerfalle.

Als er sein augenblickliches Leben auf der wellenförmigen Kurve einzeichnen sollte, machte er sein Kreuz am tiefsten Punkt. Danach fühlte er sich besser. Er fing an zu begreifen, daß seine Lage sich schließlich verbessern würde, ja mußte. Und er empfand Achtung vor sich selbst, weil er soviel Schlimmes mitgemacht hatte.

Aber dann dachte er wieder, daß er vielleicht noch gar nicht am Tiefpunkt angekommen sei. Hätte man ihn vor einigen Jahren gefragt, noch bevor er seinen Sohn verloren hatte, wie er sein Leben einschätze, so hätte er sich vielleicht auch ganz unten gefühlt. Und doch war es noch weit schlimmer gekommen! Bei diesem Gedanken wurde er niedergeschlagen und bedrückt, doch schon bald faßte er wieder Mut.

Furchtlosigkeit überkam ihn. Er hatte nichts mehr zu verlieren. Er war frei! Es war nicht wichtig, ob er ganz oben, ganz unten oder irgendwo dazwischen war. Ihm war alles eins geworden. Dieses Gefühl der Befreiung war die bedeutsamste Erfahrung seines Lebens. In seinen Augen wog sie all den Schmerz auf, den er hatte ertragen müssen.

Zwei Wochen später fand er – immer noch im Hochgefühl der gerade entdeckten Freiheit – eine Anzeige, in der freiwillige Helfer gesucht wurden, die verhaltensgestörten Kindern das Lesen beibringen sollten. Lehrerfahrung wurde nicht vorausgesetzt. Die Interessenten sollten nur lesen können. Und Georg wußte sofort, daß dies genau das Richtige für ihn war.

Vier Wochen lang mußte er einmal wöchentlich an einem Vorbereitungskurs teilnehmen. Dann ging es los. Er verliebte sich sofort in seinen neuen Job. Diesen Kindern zu helfen befriedigte ihn zutiefst. Je mehr er ihnen gab, um so mehr gaben sie ihm zurück. Zumindest empfand er das so.

Seine größte Stärke als Lehrer war seine grenzenlose Geduld. Sie trug sogar bei den Kindern Früchte, die andere bereits als hoffnungslos aufgegeben hatten. Er war fähig, diese Geduld auf seine Schüler zu übertragen, und weil er niemals den Glauben an sie verlor, gab er ihnen die Kraft, an sich selbst zu glauben. Bald war Georg als fähigster und beliebtester von all den freiwilligen Lehrkräften anerkannt.

Seine Erfolge blieben dem Rektor der Schule, die diese Hilfsaktion durchführte, nicht verborgen. Ohne daß Georg davon wußte, unternahm dieser alles Mögliche, um ihn als bezahlte Vollzeitkraft zur nachschulischen Betreuung einzustellen. Acht Monate lang setzte er sich bei der Schulbehörde dafür ein, und schließlich wurde die Stelle bewilligt. Das Gehalt, das er Georg anbieten konnte, war genauso hoch wie in dem ungeliebten Job, die Sozialleistungen sogar noch besser. Georg nahm begeistert an.

Einige Jahre vergingen. In seinem neuen Beruf fand Georg soviel inneren Frieden und Erfüllung, daß er sich ein größeres Glück kaum vorstellen konnte. Seine Beziehung zu den Schülern ging über das rein Berufliche weit hinaus. Er nahm sich jedes einzelnen liebevoll an, und mit vielen Ehemaligen hatte er Briefkontakt.

Eines Tages besuchte ihn die Mutter eines Schülers. Ihr Sohn konnte nach den Kursen bei Georg nicht nur lesen, auch seine Schwierigkeiten mit der Disziplin waren verschwunden, und seine neuen Freunde waren nicht mehr ausschließlich Mitglieder von Jugendbanden. Sie mußte diesen Mann einfach besuchen und ihm für das Wunder danken, das er an ihrem Sohn vollbracht hatte.

Sie war eine alleinerziehende Mutter. Es war Liebe auf den ersten Blick. Sechs Monate später waren sie verheiratet.

Als Georg über seine Erfahrungen nachdachte, fand er, daß er durch seine Verluste viel gewonnen hatte. Sie zu ertragen hatte ihm innere Stärke und Geduld verliehen. Und daß er sie überstanden hatte, schenkte ihm ein unerschütterliches Vertrauen in das Leben.

Innere Stärke, Vertrauen, Geduld umgaben ihn wie eine Aura, die er ausstrahlte und die bei seinen Schülern die gleichen Eigenschaften hervorrief. Daher schrieb er auch niemals ihre Leistungen sich selbst zu. Obwohl er stolz und dankbar war, daß er daran teilhaben durfte, war er doch zutiefst davon überzeugt, daß ihre eigene Stärke, ihr Vertrauen und ihre Geduld es waren, die sie in die Lage versetzten, lesen zu lernen und – an sich selbst zu glauben.

Er lächelte bei dem Gedanken, daß sogar der Tod seines Sohnes letztlich einen Sinn zu haben schien. Und er mußte lachen, als er an seine Ex-Frau und ihren Liebhaber dachte. Jetzt war er ihr dankbar, daß sie gegangen war, und ihm, daß er sie mitgenommen hatte. Er war dankbar für all das Gute, das ihm widerfahren war, obwohl es seine Wurzeln in Schmerz und Finsternis hatte.

Das richtige Maß des Vertrauens

Schlag eine neue Seite in deinem Partnerschafts-Tagebuch auf, und zeichne noch einmal ein gleichseitiges Dreieck. Über die Spitze schreibst du »Einklang«, in die linke untere Ecke »Annehmen« (mal ein Minuszeichen daneben), in die rechte Ecke »Bewußt gestalten« (daneben ein Pluszeichen). Über das Wort »Ausgewogenheit« zeichnest du eine liegende Acht. In das Dreieck hingegen setzt du einen Kreis mit einem schwarzen Punkt in der Mitte. Dieses Dreieck steht für die Ausgewogenheit des Vertrauens. Wenn wir mit unseren Träumen arbeiten, mit dem, was wir uns wünschen, dann ist es wichtig, uns nicht allzusehr an sie zu klammern, sonst werden wir unglücklich und kommen mit der Realität nicht mehr zurecht.

Deine Vision von der großen Liebe ist wie ein Same, den du gesetzt hast. Jedesmal wenn du deine Gedanken in Harmonie auf ihn richtest, förderst du sein Wachstum und ziehst die Ereignisse in dein Leben, die dir bestimmt sind. Doch den zeitlichen Ablauf dieses Geschehens bestimmen die Kosmischen Gesetze – genauso wie sie das Heranreifen von Pflanzen und Lebewesen steuern.

Das Minuszeichen an der linken unteren Ecke steht für die empfangende Kraft. Es bezieht sich auf deine Fähigkeit, anzunehmen, was geschieht, und freudig auf den höheren Sinn deines Lebens zu vertrauen, auch wenn du nicht weißt, wie er aussieht.

Das Pluszeichen an der rechten unteren Ecke steht für deinen aktiv nach außen gerichteten Einfluß. Dabei geht es um deine Kraft, die Ausrichtung in deinem täglichen Leben auf die Vision von der großen Liebe aktiv zu gestalten, ohne sie *in dir* aus dem Blick zu verlieren.

Stehen diese beiden Kräfte nicht im Einklang, so blokkierst du damit den Weg zu deinem Seelenpartner. Wenn wir unser Augenmerk zu sehr auf die bewußte Gestaltung richten, führt dies zu Ungeduld und Enttäuschung. Wir überreagieren, wenn das Leben nicht so läuft, wie wir es gerne hätten, und die erwünschten Ergebnisse sich nicht schnell genug einstellen. Stellen wir uns aber zu stark auf das Annehmen der Dinge ein, fühlen wir uns bald als Spielball des Schicksals und glauben, ihm hoffnungslos ausgeliefert zu sein. Oder wir strampeln uns ab, um von den Menschen Anerkennung und Bestätigung zu erhalten, denen wir unsere Kraft gegeben haben.

Das mathematische Symbol für die Unendlichkeit (die liegende Acht) steht für die Freiheit im Jetzt, die wir erfahren, wenn wir bewußtes Gestalten und Annehmen ins Gleichgewicht bringen.

Der Kreis mit dem Punkt darin ist ein uraltes Symbol für den Zustand des Ausgeglichen- und Zentriert-Seins. Er versinnbildlicht auch den Ausdruck des Wahren Selbst, der ganz natürlich daraus entsteht. Wir können dieses Symbol auch dazu benutzen, uns zu zentrieren und uns auf unser inneres Selbst auszurichten, auf das ewige spirituelle Wesen, das wir in Wirklichkeit sind, auf den spirituellen Weg, den zu gehen unsere Aufgabe ist.

Der Sieben-Stufen-Weg entfaltet seine höchste Wirksamkeit nur, *wenn dein Vertrauen ausgewogen ist*. Das heißt, daß du einerseits genügend Vertrauen in den Lauf der Dinge hast, um mit dem, was ist, zufrieden zu sein, und andererseits genügend Vertrauen in deine Möglichkeiten entwickelst, um dir ein Ziel zu setzen, das du in die Tat umsetzen kannst.

Achte darauf, daß dein Vertrauen ausgewogen bleibt. Wenn du ungeduldig, enttäuscht oder unzufrieden bist, dann neigst du vielleicht zu sehr dem Pluszeichen zu, d.h. du haftest zu sehr an deinen Zielen. Hast du jedoch das Gefühl, daß du am Lauf der Dinge nichts ändern kannst oder daß du von anderen zu abhängig bist und ständig an ihrem »Rockzipfel« hängst, hast du vielleicht dem Minus zu sehr nachgegeben und übersiehst, daß du durchaus in der Lage bist, dein Leben aus eigener Kraft schöpferisch zu gestalten.

Hast du das richtige Maß verloren, solltest du Zuflucht bei der entgegengesetzten Kraft suchen. Wenn du dich machtlos fühlst, dann richte den Blick nach innen auf deine Vision von der großen Liebe. Spürst du jedoch, daß du zu sehr an dem haftest, was du dir vorstellst, dann hör auf, dich mit der Zukunft zu beschäftigen. Entspann dich, vertrau dir und freu dich an der Gegenwart. Dein Energiefluß folgt deiner Aufmerksamkeit.

Die Zeichnung, die du eben gemacht hast, hilft dir auch, die Kräfte des bewußten Gestaltens und des Annehmens in Einklang zu bringen. Leg deinen Zeigefinger, einen Bleistift oder Kugelschreiber auf den Punkt in der Mitte des Kreises. Stell dir vor, daß darin die Energie der Ausgewogenheit zwischen beiden Kräften ruht. Fühl nun, wie dich diese Energie durchdringt.

Stell dir vor, daß der Kreis dich umgibt. Er hält alle Störungen, alles, was dich aus dem Gleichgewicht bringen kann, von dir fern. In diesem Kreis herrschen Ausgeglichenheit und Vertrauen, die in dem schwarzen Punkt in der Mitte am größten sind.

Atme langsam ein und visualisiere, daß du das richtige Maß an Vertrauen einatmest. Du öffnest dich, du vertraust deinem höheren Lebensziel genauso wie der Möglichkeit, daß die Zukunft, die du vor deinem inneren Auge siehst, Wirklichkeit werden kann. Stell dir beim Ausatmen vor, wie diese reine Kraft des ausgewogenen Vertrauens in dir zurückbleibt. Atme auf diese Weise dreimal ein und aus. Bist du bereit, diese angenehme Vorstellung wieder loszulassen, dann klatsche einmal in die Hände. Nach einer Pause klatschst du nochmals, zweimal jetzt, dann mach wieder eine Pause, und schließlich klatschst du dreimal in die Hände. Mit dem dritten und letzten Klatschen, sagst du: »Es ist vollbracht. Das richtige Maß des Vertrauens ist nun in mir.«

Das Klatschen, aber auch das Zeigen mit dem Finger oder einer Art Stab auf den Mittelpunkt des Kreises, sind althergebrachte Symbole für Willen, Macht und Herrschaft. So sagst du deinem Unterbewußten, daß es nun die Energie empfangen wird, auf die du dich konzentrierst. Einmal Klatschen steht für deine Kraft der bewußten Gestaltung, zweimal für die Kraft des Annehmens, dreimal für das Gleichgewicht zwischen diesen Kräften, die dich für das Unbegrenzte öffnen.

Liebe annehmen

Gudrun glaubte, daß sie nie jemanden finden würde, der sie liebte, solange sie zu dick war. Diese Einstellung zog zuerst eine Menge Selbstmitleid und schließlich sogar

Depressionen nach sich. Je deprimierter sie war, um so mehr aß sie und um so weniger Lust hatte sie, sich zu bewegen.

War sie deprimiert, so wurde sie zunehmend reizbar, worunter ihre Beziehungen zu Freunden, Kunden und Familienmitgliedern stark litten. In ihrer Depression fühlte sie sich einsam und von allem ausgeschlossen. Selbst wenn sie ihren Traumpartner endlich kennenlernen würde, so dachte sie, würde sich dieser durch ihr Aussehen von ihr abgestoßen fühlen. Und wenn das nicht genügte, ihn in die Flucht zu schlagen, dann würden ihre Stimmungen schon dafür sorgen.

Eines Tages wurde ihr klar, daß ihre Probleme immer stärker wurden, je mehr sie dagegen ankämpfte. Also versuchte sie etwas anderes: Statt sich selbst wegen ihres Aussehens zu verurteilen, begann sie, eine Haltung zu lernen, die es ihr möglich machte, sich der ersehnten Liebe so wert zu fühlen, wie sie war. Sie verstärkte dieses Gefühl, indem sie folgende Affirmation einsetzte: »Ich bin der Liebe, die ich mir wünsche, würdig.« Während sie diese Worte sprach, richtete sie ihre Aufmerksamkeit auf das Gefühl und die Erfahrung, die sich darin ausdrückten.

Anfangs spürte sie in sich nichts als Widerstand dieser neuen Selbstsicht gegenüber. Doch allmählich, ganz langsam, wurde ihr Selbstbild besser. Sie sah durch ihre äußere Erscheinung hindurch, als sei sie durchsichtig geworden, und fing an, ihre Schönheit und ihre bewundernswerten Eigenschaften zu erkennen. Langsam veränderte sich auch ihre Einstellung zu sich selbst, wenn sie an die Liebe dachte. Sie erlaubte sich, geliebt zu werden, und schon bald hatte sie ihre erste Verabredung. Schließlich heiratete sie – den liebsten, wunderbarsten Mann, den sie je gekannt hatte.

Wenn wir uns der Partnerschaft, die wir uns wünschen, unwürdig fühlen oder meinen, daß wir sie nicht verdienen, halten wir sie auf geheimnisvolle Weise von uns fern. Früher glaubte ich, daß meine Bewertung der Dinge von diesen selbst abhinge – daß es also nicht in meiner Macht stünde, meine Einstellung zu diesen Dingen zu verändern. Wollte ich etwas haben, dann weil ich dachte, das Ding an sich sei wertvoll oder begehrenswert. Und mochte ich etwas nicht, so aus dem Glauben heraus, daß es etwas an sich habe, was meine Ablehnung auslöse. Und wenn ich nicht nach meinen Erwartungen lebte, kam ich mir selbst wertlos vor, weder der Achtung noch der Liebe wert, nicht meiner eigenen und nicht der anderer.

Dann lernte ich, daß wir unsere Werte selbst schaffen. Es scheint, daß unsere Zu- und Abneigungen weniger mit der Wirklichkeit zu tun haben als mit unserer Art, diese wahrzunehmen. Meist geschieht das unbewußt. Und sehr häufig werden wir durch die Meinungen und Werte anderer beeinflußt.

Dabei kannst du selbst deine Werte ganz bewußt beeinflussen und so dein höheres Potential verwirklichen. Du kannst deine schönsten Träume wahr werden lassen, indem du deine Aufmerksamkeit ganz auf die wunderbaren Möglichkeiten richtest, die in einer Sache stecken. Wenn du dir immer wieder vorstellst, wie du mit wahrer Wonne eine Schokoladentorte ißt, wird dein Verlangen nach Schokoladentorte immer stärker werden. Stellst du dir dagegen regelmäßig vor, daß du dich darüber freust, schlank und fit zu sein, hast du mehr Ansporn, eine Diät zu machen und zur Gymnastik zu gehen.

Unsere Sicht der Vergangenheit kann uns daran hindern, jetzt unser Glück zu finden. Haben wir andere enttäuscht oder verletzt, so haben wir möglicherweise beschlossen, daß wir verdienen, ebenfalls verletzt und enttäuscht zu werden. Viel einfacher ist es, wenn wir lernen, uns selbst zu vergeben.

Vergebung ist auf die Zukunft ausgerichtet, nicht auf die Vergangenheit. Stärkst du langsam deinen Glauben daran, daß du das, was du dir wünschst, auch verdient hast, so vergibst du dir damit auch dafür, daß du in der Vergangenheit deinen Erwartungen nicht gerecht geworden bist.

Wenn wir uns selbst und das, was wir zu geben haben, als minderwertig oder unwürdig ansehen, so hat das nichts zu tun mit dem, was wir wirklich sind oder tun. Wir identifizieren uns nur mit einer bestimmten Art und Weise, uns selbst zu beurteilen.

Schaffst du hingegen in dir selbst die Gewißheit, daß du eine Traumpartnerschaft verdient hast, geschehen zwei sehr wichtige Dinge: Du öffnest dich, um für diese Erfahrung bereit zu sein. Und damit ziehst du sie schließlich in dein Leben.

Akzeptierst du hingegen, daß die große Liebe eine der wertvollsten Erfahrungen in deinem Leben sein kann, so findet der gefühlsbetonte Teil deiner Seele ganz natürlich zu seinem eigenen Ausdruck.

Übung 12:
Wie du dich der großen Liebe öffnest

1. Atme dreimal tief ein und aus, und versetz dich ganz langsam in den Zustand der *Aufmerksamkeit ohne Anspannung*.
2. Schließ deine Augen und stell dir vor, daß du mit deinem Traumgefährten, dem Herzenspartner deiner geheimsten Träume, zusammen bist.

Laß dich ganz auf dieses Gefühl des Zusammenseins ein. Genieß die Freude. Stell dir nun, wenn du kannst, vor, wie dein Seelengefährte aussieht, ohne dich jedoch auf eine bestimmte Person festzulegen. Richte dein Augenmerk auf die *allgemeinen* Merkmale, die du an deinem Traumpartner so anziehend findest, und auf die Harmonie in eurer Beziehung.

3. Wiederhole mehrmals laut und deutlich folgende Affirmation, und konzentrier dich ganz auf die Wahrheit, die in diesen Worten steckt: »Ich bin es wert, eine Liebe zu erleben, die meine geheimsten Träume wahr werden läßt und meine sehnlichsten Wünsche erfüllt. Diese Liebe steht im Einklang mit meinem spirituellen Lebenssinn. In ihr drückt sich mein höchstes Potential auf jeder Ebene aus.«
4. Konzentrier dich auf diese innere Erfahrung, und wiederhole diese Worte, so oft du willst.

Mit der Zeit wirst du annehmen können, daß die Freude und Erfüllung einer großen Liebe deine persönlichen Ziele und Vorhaben im Leben nicht beeinträchtigen. Die Freude, die dir eine erfüllende Liebesbeziehung schenkt, wird dir als ganz natürliche Erweiterung in einem Leben erscheinen, das den höchsten Zielen gewidmet ist, und nicht mehr als Ablenkung, Hindernis und Störung.

Diese tief in uns empfundene Wahrnehmung macht uns frei für den Ausdruck unserer romantischen Seite. Sie setzt unsere Gefühlsenergien frei, weil sie uns die Angst nimmt, wir könnten die praktischen und wichtigen Dinge in unserem Leben vernachlässigen. Und sie öffnet uns für die Gefühle anderer (und für unsere eigenen), da sie uns Selbstvertrauen gibt und uns von allen Blockaden befreit, die wir uns einst in Strenge gegenüber uns selbst erschaffen haben.

Schließlich hilft uns diese Übung auch, uns das ungeheure Potential einer harmonischen Liebesbeziehung auszumalen und es zu genießen. Anders gesagt: Sie macht uns zu romantischen Narren – weisen, romantischen Narren.

Alte Wunden heilen

Jedesmal wenn Bernd versuchte, sich die Liebesbeziehung vorzustellen, nach der er sich sehnte, hatte er das Gefühl, daß dies völlig sinnlos sei. Die Partnerschaft, die er sich erträumt hatte, hatte er bereits erlebt. Sie endete abrupt, als Lore ihn verließ. Danach konnte er sich Glück in einer Partnerschaft überhaupt nicht mehr vorstellen, ohne Angst vor dem Zusammenbrechen all seiner Hoffnungen zu haben.

Aber solange er bei dem Glauben blieb, das Glück einer tiefen Liebesbeziehung sei ihm verwehrt, verspürte er natürlich keinerlei Antrieb, es wenigstens noch einmal zu versuchen. Tatsächlich stellte er fest, daß er alles tat, um einer Partnerschaft aus dem Weg zu gehen. Er hörte auf, sich mit Frauen zu verabreden, weil er bei jedem Rendezvous in tiefe Niedergeschlagenheit verfiel. Schließlich ging er Frauen ganz aus dem Weg, vor allem solchen, die ihm gefielen – aus Angst, am Ende doch wieder verletzt zu werden.

Irgendwann stellte er fest, daß sein Verhalten ihm genau das bescherte, wovor er sich fürchtete – ein Leben ohne die Freude einer erfüllenden Liebesbeziehung. Diese Entdeckung jagte ihm solch einen Schreck ein, daß er beschloß, sich zu ändern. Er wußte, daß er vor allem sein Vertrauen darin wiederfinden mußte, daß eine wunderbare und bereichernde Partnerschaft möglich war.

Dazu setzte er folgende Affirmation ein: »Ich werde eine liebevolle, zärtliche, innige Partnerschaft haben, die mich mit tiefer, dauerhafter Freude erfüllt.« Während er diese Worte sprach, richtete er seine Gedanken auf die andauernde Freude, die aus der Liebe entsteht.

Diese Übung machte er dreimal täglich. Und sobald er spürte, daß er erneut begann, die Nähe von Frauen zu meiden, konzentrierte er sich wieder auf die Wirklichkeit, die er sich wünschte. Ganz allmählich spürte er, wie seine alten Wunden heilten. Sein Vertrauen wurde stärker, sein Verhalten angemessener.

Etwa einen Monat, nachdem er mit dieser Übung angefangen hatte, klingelte plötzlich das Telefon. Es war Lore, die Frau, die ihn vor einigen Jahren verlassen hatte. Sie sagte, sie denke seit einiger Zeit oft an ihn, und ihr fehle der Spaß, den sie beide miteinander immer gehabt hatten. In den letzten Wochen habe sie immer wieder daran denken müssen, daß er ein ganz besonderer Mensch sei und daß auch ihre Beziehung etwas Besonderes gewesen sei.

Dabei hatte er während dieser Übung wirklich darauf geachtet, nicht die Beziehung zu Lore als Muster für seine Traumpartnerschaft zu nehmen. Er hatte versucht, sich auf die Art von Beziehung zu konzentrieren, die er sich wünschte, aber nicht auf diese eine Bindung. Ihr Anruf überraschte ihn zutiefst.

Die Mathematik des Vertrauens

Mathematisch gesehen ist deine Fähigkeit, dir eine befriedigende Liebesbeziehung zu erschaffen, direkt proportional zu dem Vertrauen, das du in diese Möglichkeit investierst. Achte darauf, wenn dein Glaube, daß deine Wunschpartnerschaft Wirklichkeit werden kann, nachläßt. Übe dieses Vertrauen ein, empfinde es. Dein Traum von der großen Liebe wird wahr werden. Wenn du beide Dinge übst, setzt du gleichzeitig die Energie frei, die diese Erfahrung in dein Leben zieht.

Die Macht des Vertrauens

Diese Übung hilft dir nicht nur, Vertrauen aufzubauen, sie zeigt dir auch, wieviel Kraft, Freude und Liebe darin stecken.

Vergegenwärtige dir, daß nichts zwischen dir und der vollkommenen Freude, dem grenzenlosen Glück steht. Stell dir ein glückliches, lachendes Kind vor, und sei dir bewußt, daß du dieses Kind bist.

Während du dir weiterhin ausmalst, daß es zwischen dir und der unendlichen Freude kein Hindernis gibt, sag dir mehrmals die folgende Affirmation vor: »Ich bin die Kraft meiner Freude.« Und richte dein Augenmerk dabei auf diese innere Erfahrung – nichts steht zwischen dir und dem Glück.

Wenn ich andere bei dieser Übung beobachte, habe ich immer bemerkt, daß sie ein Lächeln dabei kaum zurückhalten konnten.

Wenn ich diese Übung mit der nötigen Hingabe praktiziere, hebt sie meine Stimmung beträchtlich. Ich mache sie sehr gern, wenn ich arbeite. Dabei denke ich immer wieder daran, daß mich nichts von meiner Freude fernhalten, nichts sich zwischen mich und das vollkommene Glück im Hier und Jetzt stellen kann. Nach einer halben Stunde fällt mir das Lachen dann leichter, ich habe mehr Energie, und mein Sinn für Humor scheint auf wunderbare Weise wiederbelebt.

Nun zur nächsten Stufe dieser Übung. Mal dir aus, daß nichts dich daran hindern kann, eine völlig erfüllende Liebesbeziehung zu erfahren. Stell es dir vor, vertrau darauf, nimm es an. Wisse und fühle, daß nichts dir im Wege steht – weder Raum noch Zeit, noch die Umstände, einfach gar nichts.

Bleib bei dieser Vorstellung und sprich dazu folgende Affirmation: »Ich bin die Macht meiner Liebe, die mich durch und durch erfüllt.«

Wiederhole diese Affirmation immer wieder, um dich daran zu erinnern, daß nichts zwischen dir und der Erfüllung deines Liebeslebens steht. Schon fünf bis zehn Minuten dieser Übung können zu erstaunlichen Ergebnissen führen.

Diese beiden Übungen helfen dir, Vertrauen zu entwickeln. Du erhältst dadurch die Sicherheit, daß du in der Liebe und in deinem ganzen Leben Glück und Erfüllung finden kannst. Und sie sind ein Beweis für die Kraft der Zuversicht, da die Barrieren, die uns gewöhnlich von Liebe und Glück trennen, anfangen sich aufzulösen, wenn das Vertrauen mehr und mehr wächst.

Tarotkarte III: Die Herrscherin

Dieses Kapitel beginnt mit der Tarotkarte III, **Die Herrscherin**. Diese Karte steht für die befruchtende Wirkung der schöpferischen Vorstellungskraft.

Das Wasser, das die Herrscherin umfließt und sich schließlich in einen Wasserfall ergießt, versinnbildlicht den Bewußtseinsstrom, der im Unterbewußtsein entspringt, wenn er durch das Bewußte eine Richtung erhalten hat. Dieser Strom ist offensichtlich der Grund für das außergewöhnlich fruchtbare Wachstum rund um die sitzende Frau – ein Ausdruck für die schöpferische Kraft, die den Bildern unseres Geistes und der Vorstellungskraft unserer Seele innewohnt. Es sind diese Bilder und Vorstellungen, die letztendlich unser Schicksal bestimmen.

Die Frau auf dem Bild sitzt scheinbar untätig da, doch steht diese Haltung für die Fruchtbarkeit und das ungehemmte Fließen der Schöpferkraft. Traditionsgemäß wird sie als schwangere Frau angesehen. Der ungebremste Überfluß der Natur um sie herum spiegelt die reiche innere Schaffenskraft ihrer Schwangerschaft wider.

Die inneren Bilder, die du erschaffst, reifen in dir heran. Sie werden auf der inneren Ebene geboren, um dir schließlich ganz natürlich als reales Ereignis in deinem Leben zu begegnen. Du wirst ans Licht der Welt nur das bringen, was du in dir empfangen hast.

Deine Vorstellungskraft wird dir mit einer Flut von Bildern antworten, wenn du ihr nur mitteilst, in welche Richtung du gehen willst. Möchtest du z. B. mehr Selbstwertgefühl haben oder Vertrauen in die Möglichkeit einer erfüllenden Liebe, dann reicht es schon aus, wenn du diese Gefühle immer wieder in dir hervorrufen kannst. Früher oder später muß dein Unbewußtes antworten und das Fehlende in deinem Leben mit den entsprechenden Erfahrungen füllen.

Die schöpferische Vorstellungskraft ist fruchtbar und wirkt in jedem von uns. Du mußt sie nur aktiv lenken, um ihre besten Früchte ernten zu können. *Der Magier* (Tarotkarte I) vereint Aufmerksamkeit und Willenskraft mit dem Höheren, Göttlichen, Kosmischen oder Spirituellen Willen. *Die Hohepriesterin* (Tarotkarte II) steht für das Empfängliche des Unbewußten, das jederzeit bereit ist, die antreibende Kraft des Magiers aufzunehmen, der es mit dem Höheren Willen in Einklang bringt. *Die Herrscherin* (Tarotkarte III) versinnbildlicht die Früchte, die das in Bewegung gesetzte Unbewußte mit Hilfe seiner Vorstellungskraft hervorbringt: eine Überfülle an schöpferischen Bildern, welche in vollkommener Übereinstimmung mit dem uns auferlegten spirituellen Wachstum die Formen und Muster unserer Lebenserfahrung erschafft.

Wenn du deinen Willen mit dem Kosmischen Willen in Übereinstimmung bringen und die Kontrolle über deine Aufmerksamkeit erlangen willst, meditiere über die Tarotkarte I. Willst du deine Empfänglichkeit und Offenheit für die Botschaften des Höheren Willens verstärken, arbeite mit der Tarotkarte II. Willst du aber deine schöpferische Vorstellungskraft in Gang bringen, dann konzentrier dich auf die Tarotkarte III.

Übung 13: Die Herrscherin

1. Atme dreimal tief ein und aus.
2. Meditiere ein paar Minuten lang über die Tarotkarte III. Betrachte einfach die Einzelheiten des Bildes, und stell dir vor, wie es langsam deine Aufmerksamkeit ganz erfüllt. Spür, wie es sich in deinem Inneren ausbreitet. Dieses Bild zeigt dir jetzt, wie du deine ganze schöpferische Vorstellungskraft ins Fließen bringen kannst, um dein grenzenloses Potential umzusetzen und deine Lebensaufgabe zu erfüllen.
3. Wiederhole mehrmals folgende Affirmation: »Meine schöpferische Vorstellungskraft steht mit dem Kosmischen Willen in Einklang und zieht die Erfahrungen in mein Leben, die für mich am besten sind.« Stell dich dabei völlig auf die Wirklichkeit ein, die in diesen Worten steckt.

Sei dir sicher, daß die Herrscherin in dir antwortet und für dich die Erfahrungen erschafft, die der Erfüllung deines höheren spirituellen Potentials dienen.

Tarotkarte IV: Der Herrscher

6
Handle zielbewußt

Eines Tages stellte Erika fest, daß sie ernsthafte Eheprobleme hatte. Hans, ihr Ehemann, ging so sehr in seiner Arbeit auf, daß in seinem Leben nichts anderes mehr Platz zu haben schien. Sie redete mit ihm über dieses Gefühl, und er versprach, sich zu ändern. Er änderte sich tatsächlich – er verbrachte noch weniger Zeit mit ihr.

Das ging nicht nur eine Woche oder einen Monat lang so, nein, dieser Zustand zog sich über eineinhalb Jahre hin und verschlimmerte sich dabei mehr und mehr. Beim letzten Mal, als Erika dieses Thema zur Sprache brachte, wurde Hans furchtbar wütend und schloß sich in sein Arbeitszimmer ein, wo er die halbe Nacht lang arbeitete. In dieser Nacht schlief er – zum ersten Mal, seit sie verheiratet waren – auf dem Sofa.

Am nächsten Tag lernte sie Rainer kennen. Rainer war ausgesprochen charmant, und Erika fand ihn vom ersten Augenblick an sehr anziehend. Als sie einander vorgestellt wurden, sah er ihr so tief in die Augen, daß ihr dabei ein Schauer über den Rücken lief.

Ihre Probleme mit Hans blieben unverändert, und so machte die Beziehung zu Rainer rasche Fortschritte. Jedesmal wenn sie sich irgendwo sahen, blieben sie lange beieinander stehen und führten tiefschürfende, interessante Gespräche. Danach wußte Erika nie genau zu sagen, worüber sie eigentlich gesprochen hatten. Sie erinnerte sich nur ganz deutlich an das wissende Lachen in seinen Augen, wenn er sie ansah.

Einige Zeit danach lud Rainer sie zum Mittagessen ein. Sie lachten so viel miteinander, daß Erika fast nichts essen konnte. Mitten in all dem Gelächter ergriff Rainer jedoch plötzlich ihre Hand. Er sah sie ernst an, während seine Finger ihren Ehering berührten, und fragte sie nach ihrer Ehe.

Sie wollte eigentlich nicht über ihre Eheprobleme sprechen und schon gar nicht mit einem Mann, den sie so anziehend fand. Aber wenn Rainer sie ansah, fiel es ihr schwer, ihm etwas zu verheimlichen. »Es läuft nicht so besonders«, sagte sie.

»Ich habe es gewußt«, antwortete er. »Jedesmal wenn ich an dich denke, fühle ich diesen Schmerz im Herzen. Ich weiß, daß du unglücklich bist. Hör mal, wenn dieser Mann dich nicht gut behandelt, wäre es an der Zeit, ihn zu verlassen. Du wärst nicht allein. Ich wäre bei dir.«

Sie zog ihre Hand zurück und fühlte, wie eine gewaltige Woge von Scham und Zweifel sie überkam. Nun wurde ihr zum ersten Mal so richtig klar, daß sie die Zurückweisungen ihres Mannes sehr persönlich genommen hatte. Doch ihr nächster Gedanke tat genauso weh. Als sie Rainer ansah, fiel es ihr plötzlich wie Schuppen von den Augen: Hans hatte eine Affäre.

An diesem Abend war Erika völlig erschöpft. Ihre Gefühle für Rainer verschlimmerten die ganze Situation nur noch. Die Verletzungen und Enttäuschungen, die sie in ihrer Ehe erfahren hatte, ließen sie daran zweifeln, ob ihre Gefühle zu Rainer echt waren. Und die Tatsache, daß sie sich von ihm so angezogen fühlte und er sich offensichtlich auch von ihr, machte sie unsicher, wenn sie an ihr Verhältnis zu Hans dachte.

Die einzige Lösung, die ihr einfiel, war, endlich aktiv zu werden und nicht alles nur geschehen zu lassen. Sie hörte auf, um Hans' Aufmerksamkeit zu betteln und sich Sorgen darüber zu machen, daß sie vielleicht eine gute Gelegenheit verpassen würde, wenn sie Rainer nicht weiterhin träfe. Statt dessen wandte sie den Sieben-Stufen-Weg aus diesem Buch an.

Zuerst machte sie eine Aufstellung über all das, was in ihrer Partnerschaft mit Hans nicht stimmte und über das, was sie an Rainer so reizvoll fand. Sie nahm Hans sein mangelndes Interesse übel und daß er sich so aus ihrer Zweisamkeit zurückgezogen hatte. Auch seine Unfähigkeit, das ihr einst gegebene Versprechen zu halten, tat ihr weh. An Rainer mochte sie vor allem seine Augen, seine Aufmerksamkeit für sie und seine offensichtliche Fähigkeit, in ihrer Seele zu lesen und dort ihr wahres Wesen zu erkennen.

Dann schrieb sie auf, was sie an ihrer Ehe mochte. Sie schätzte die gegenseitige Bereitschaft zu Verantwortung und Treue. Sie mochte es auch, gemeinsam ein Leben aufzubauen. Und außerdem liebte sie Hans noch immer. Er sah gut aus und war charmant. Bis auf das letzte Jahr, in dem er so gefühllos und ständig müde gewesen war, hatten sie zusammen eine wundervolle Zeit verbracht, an die sie sich gern erinnerte. An Rainer hingegen stieß sie eben dieser Mangel an Verantwortungsgefühl ab und daß sie eigentlich nicht wußte, wer er war und ob die Anziehung, die sie ihm gegenüber empfand, wirklich echt war. Außerdem wollte sie das Hans gegebene Treueversprechen nicht brechen, indem sie mit Rainer romantische Stunden verbrachte.

Sie stellte sich innerlich auf die Partnerschaft ein, die sie sich wünschte, ohne sie mit dem einen oder anderen Mann zu verbinden. Und sie übte sich darin, sich selbst dieser Liebe würdig zu fühlen. Auch das Gesetz der Zyklischen Abfolge rief sie sich in Erinnerung. Dann erkannte sie, daß diese beiden Beziehungen im Augenblick vielleicht nur an den entgegengesetzten Polen der Kurve standen. Möglicherweise erlebte sie gerade ein Tief in ihrer Ehe und ein Hoch in ihrer Beziehung zu Rainer.

Diese Sicht der Dinge half ihr, ihre Zuneigung zu Rainer und ihre Abneigung gegen Hans ausgeglichener und nüchterner zu sehen. Auf diese Weise konnte sie mehr Abstand gewinnen und ihre Energie verstärkt für die positiven Ziele in ihrem Liebesleben einsetzen.

Erika machte die Übungen des Sieben-Stufen-Weges ein paar Wochen lang regelmäßig. So füllte sie die Zeit, die sie allein verbrachte. Fühlte sie sich versucht, Rainer anzurufen, so hielt sie kurz inne und gewährte sich eine Pause, in der sie sich fünf Minuten lang ihre Traumpartnerschaft vorstellte. Danach hatte sie stets das Gefühl, daß es nicht in Ordnung war, mit ihm zu sprechen. Ihn jetzt anzurufen wäre nicht mehr gewesen als eine Flucht aus ihrer Einsamkeit. Und das hätte die Dinge nur unnötig kompliziert. Manchmal machte sie diese Übung zwei Stunden lang. Sie genoß diese längeren Sitzungen. Sie gaben ihr Kraft, und am Ende war sie viel selbstsicherer. Mehr als zuvor fühlte sie sich in der Lage, die für sie beste Wahl zu treffen.
Jede Übung gab ihr das Gefühl, ihr Leben in der Hand zu haben. So verlor sie ihre Furcht, die Gelegenheit mit Rainer zu verpassen, vollständig. Wenn er ihr Seelengefährte war, dann konnte ihre ehrliche, ausgeglichene Herangehensweise diese Beziehung gar nicht stören. Denn keine Liebe wäre es wert, sich selbst untreu zu werden.

Eines Abends begannen die Dinge sich endlich zu klären. Hans arbeitete bis spät in die Nacht und war zum Abendessen nicht nach Hause gekommen. Normalerweise rief er sie an und gab ihr Bescheid. Dieses Mal hatte er selbst das vergessen. Als sie an diesem Abend schlafen ging, hatte sie immer noch nichts von ihm gehört. Jetzt war sie sich sicher, genug von ihm zu haben.

Sie erwachte mitten in der Nacht vom Klingeln des Telefons. Es war das Krankenhaus. Hans war im Büro bewußtlos vom Reinigungspersonal aufgefunden worden.

Als sie im Krankenhaus ankam sprach sie mit dem Arzt, der ihr sagte, daß mit Hans körperlich alles in Ordnung sei. Er leide nur offensichtlich an den Symptomen einer nervösen Erschöpfung.

Hans wurde entlassen, und sie fuhren nach Hause. Auf dem Heimweg brach Hans erneut zusammen und erklärte ihr schließlich alles. »Das Geschäft ging lange Zeit ziemlich schlecht, Erika. Ich habe zuviel Geld in die Erweiterung investiert. Die letzten eineinhalb Jahre standen wir ständig am Rande des Bankrotts.«

Sie nahm seine Hand, während sie weiterfuhr: »Aber warum hast du mir denn nichts gesagt? Ich hätte dir helfen können, deine Last zu tragen. Dadurch wäre doch alles viel leichter geworden.«

Er begann zu weinen: »Ich hatte das Gefühl, daß ich deiner Liebe nicht wert bin. Du bist so wunderbar. Ich glaube, ich habe dich vom ersten Augenblick an geliebt. Aber solange ich im Geschäft so versagt habe, schämte ich mich meiner selbst. Und ich habe doch gehofft, daß ich mit allem fertigwerden würde, wenn ich nur lange und hart genug arbeite.«

Nun weinte sie mit ihm. »Und ich dachte, du hättest eine andere!«

»Du machst wohl Witze? Meine Traumfrau bist einzig und allein du.« Er nahm ihre Hand und küßte sie. »Weißt du, als ich dort im Krankenhaus lag, dachte ich einen Moment lang, ich müßte sterben. Du weißt ja, was für verrücktes Zeug man manchmal denkt. Ich glaubte, ich hätte einen schweren Herzanfall oder so etwas. All das war mir gleichgültig, für mich zählte nur eins: von dir nicht getrennt zu werden. Ich liebe dich so, und ich habe dich so sehr vermißt!«

Einen Augenblick lang wußte sie nicht, was sie darauf antworten sollte. Da schoß ihr Rainers Bild durch den Kopf. Sie sah und hörte ihn ganz deutlich, als säße er neben ihr: »Los, Erika. Sag ihm, daß du ihn von ganzem Herzen liebst. Sag ihm, daß du immer bei ihm bleibst, wenn er dich nicht aus seinem Leben ausschließt. Sag ihm, daß du ihm deine Liebe geben wirst, wenn er dich an seinem Leben teilhaben läßt.«

»Dir bleibt auch nichts verborgen, Rainer«, dachte sie und lächelte.

Die Stärke, die im Handeln liegt

Wenn du etwas tust, um das, was du willst, Wirklichkeit werden zu lassen, so liegt darin eine ungeheure Kraft. Es gibt fünf grundlegende Handlungsebenen. Wir haben sie bereits in dem fünfzackigen Stern der Traumpartner-Tabelle in Kapitel 3 (siehe Seite 54 ff.) kennengelernt. Diese fünf Ebenen sind die körperliche, die emotionale, die geistige, die spirituelle und die soziale Ebene.

Sind sie alle in einer ausgewogenen Form auf ein einziges Ziel ausgerichtet, so steht uns damit unser volles Kraftpotential zur Verfügung. Nun wollen wir sehen, wie wir diese fünf Handlungsebenen für das Erreichen der Ziele, die wir uns für unser Liebesleben gesetzt haben, nutzen können.

1. **Die geistige Ebene:** Eines der wichtigsten Dinge, die wir auf dieser Ebene tun können, ist, unsere Ziele klar festzulegen. Wenn wir uns innerlich auf die Erfahrungen einstellen, die wir in unser Leben ziehen wollen, erwecken wir damit unsere intuitive Führung.
   Je intelligenter, bewußter, kenntnisreicher, geschickter und mitfühlender wir sind, um so angenehmer ist unser Leben. Weiterentwicklung bedeutet auf der geistigen Ebene, daß unser Wissen wächst, unser Denken klarer wird und unsere Fähigkeit, uns anderen mitzuteilen,

zunimmt. Darüber hinaus können wir auf dieser Ebene die Fähigkeit entwickeln, unsere Aufmerksamkeit bewußt zu lenken.

Was du tun kannst: Nimm dir jetzt ein oder zwei Minuten Zeit, um auf geistiger Ebene etwas für die Verwirklichung deiner großen Liebe zu tun. Das ist ziemlich einfach, denn schon wenn du darüber nachdenkst, wie du deine Träume von dieser Liebe Wirklichkeit werden lassen kannst, vollziehst du eine »geistige« Handlung, die auf eine Verbesserung deiner Situation ausgerichtet ist. Es ist nicht wichtig, ob du sofort eine Antwort erhältst oder nicht. Nur daß du etwas tust, zählt.

2. **Die materielle/körperliche Ebene:** Diese Ebene umfaßt alles, was wir mit unserem Körper tun, und erfordert daher die größten Anstrengungen. Du weißt ja sicher selbst, daß es einfacher ist, zu denken, daß man jemandem einen Strauß Blumen schenken will, als in den Laden zu gehen, um sie zu kaufen, oder in den Garten, um sie zu pflücken. Und ein schnell dahingesagtes »Ich liebe dich!« fällt uns leichter, als dem anderen nach einem langen, harten Arbeitstag den schmerzenden Rücken zu massieren.

   Was du auf körperlicher Ebene unternehmen kannst, um deine Traumliebe zu erschaffen, hängt ganz von deiner augenblicklichen Situation ab. Bist du gerade solo, so kannst du z.B. dorthin gehen, wo du andere Menschen kennenlernen kannst, auch wenn in 99 Prozent der Fälle nichts dabei herauskommt.

   Viele Menschen – so scheint mir – legen in unserer Gesellschaft zu großen Wert auf die materielle Ebene. Den lieben langen Tag bombardiert uns die Werbung mit Botschaften, die uns einreden wollen, daß unsere kühnsten Liebesträume wahr würden, wenn unsere Zähne nur weiß und unser Wagen schnell genug wären, wenn wir das richtige Bier trinken und die richtigen Sportschuhe tragen würden. Die materielle Ebene der Liebe ist wichtig – keine Frage, aber sie kann die anderen Ebenen nicht ersetzen. Und sie zu unterschätzen ist ebenso fatal, wie ihr zuviel Wert beizumessen.

Wollen wir uns auf dieser Ebene weiterentwickeln, so bedeutet das, daß wir uns um unsere körperliche Gesundheit und Fitneß kümmern, daß wir die nötigen Fähigkeiten entwickeln, um für uns und die, für die wir Verantwortung tragen, sorgen zu können, daß wir genügend Geld verdienen, und das möglichst in einem Beruf, den wir mögen, damit wir auch weiterhin motiviert sind, ihn auszuüben – daß wir ganz allgemein Dinge tun, die unseren materiellen und körperlichen Selbstausdruck unterstützen.

Was du tun kannst: Stell dich aufrecht hin, und mach zehn Schritte. Während dieser körperlichen Handlung, wiederhole folgende Affirmation: »Ich mache diese Schritte, um auf körperlicher Ebene etwas dafür zu tun, daß meine große Liebe in mein Leben kommt.« Jede Handlung, die auf diese Weise gezielt eingesetzt wird, bewirkt einen Anstoß in die gewünschte Richtung. Am Ende wirst du es wesentlich leichter finden, auch körperlich etwas zu tun für das, was du willst.

3. **Die emotionale Ebene:** Du solltest die Prinzipien der Ausgeglichenheit, der Lenkung und Kontrolle auch auf deine Gefühle anwenden. Wenn du deprimiert, entmutigt oder wütend bist, fällt es dir nur noch schwerer, zu tun, was getan werden muß, und das Unumgängliche auf dich zu nehmen.

   Die emotionale Ebene wird von der geistigen bestimmt, doch letztlich sind alle Ebenen miteinander verbunden. So kannst du, indem du dich innerlich auf die Erfahrungen einstellst, die du machen willst, zunehmend das Vertrauen entwickeln, daß dir all das auch wirklich zufließt. Und wenn du immer wieder versuchst, dir Gefühle wie Vertrauen, Sicherheit, Selbstwertgefühl und Antriebskraft vorzustellen, dann werden sie sich bald auch tatsächlich einstellen.

Entwicklung auf dieser Ebene bedeutet, zu lernen, wie du dein emotionales Gleichgewicht bewahren kannst, ganz gleich, ob du das, was du dir wünschst, bekommst oder nicht. So werden selbst die unerfreulichsten Erlebnisse für dich zu Gelegenheiten, deine Fähigkeit, Ruhe, Geduld und Vertrauen zu bewahren, weiterzuentwickeln.

Was du tun kannst: Denk an einen Moment zurück, in dem du wütend, zornig, fassungslos, deprimiert oder ungeduldig warst. Stell dir nun vor, wie du mit dieser Situation voller Gleichmut umgehst – sicher, vertrauensvoll und voller Frieden, wie du geschickt, intelligent und liebevoll reagierst. Diese Übung wandelt am Ende all unsere emotionalen Schwächen in Stärken um.

4. **Die spirituelle Ebene:** Sie betrifft unser Gespür für eine Höhere Macht. Spirituelles Handeln kann aus Gebeten bestehen, aus Meditationen, Ritualen oder einer spirituellen Ausbildung. Dir die Zeit zu nehmen, auf »das Herz« der Höheren Macht in dir zu lauschen, ist für dein Wachstum ebenso wichtig wie Nahrung, Wasser und Luft. Spirituelles Handeln gleicht deine verschiedenen Ebenen aus und verleiht dir mehr Freude, Lebenskraft, Liebe, Verständnis und schöpferische Kraft.

   Suchen wir nach Entwicklungsmöglichkeiten auf dieser Ebene, so bedeutet dies, daß wir unser Bewußtsein vom Ewigen – von unserem Wahren Selbst, das die Werte, Wünsche, Zu- und Abneigungen unserer Persönlichkeit übersteigt – erweitern. Es bedeutet, daß wir

Vertrauen haben und uns dieser Kraft ganz hingeben, die sich unserer Kontrolle entzieht, die wir nicht verstehen können und die trotzdem unser Schicksal bestimmt. Spirituelles Wachstum hebt dein gesamtes Energieniveau an, so daß du dich auf allen Ebenen weiterentwickelst.

Was du tun kannst: Schließ deine Augen und atme langsam und tief ein. Konzentrier dich auf den Atemstrom und stell dir vor, daß die Luft die Energie Gottes, deines Höheren Selbst, das Schöpferische Herz des Universums und all seiner Wesen ist. Wenn deine Lungen ganz damit gefüllt sind, sprich folgende Affirmation: »Ich und mein spirituelles Wesen sind eins.« Während du noch sprichst, stell dir vor, wie reinste spirituelle Energie dein Innerstes ganz ausfüllt.

5. **Die soziale Ebene:** Auf dieser Ebene finden wir deine Fähigkeiten im Umgang mit Menschen, z. B. deine Kommunikationsfähigkeit, die Gabe, geduldig und großzügig zu bleiben, auch wenn andere sich nicht so verhalten, wie du es gerne hättest, die Kraft und Aufrichtigkeit, dir selbst treu zu bleiben, sowie die Bewußtheit für deine Handlungen und Reaktionen und das, was diese bei anderen Menschen auslösen. Natürlich wirken sich deine sozialen Fähigkeiten auch auf andere aus.

   Soziale Fähigkeiten hängen sehr stark von den entsprechenden äußeren Umständen ab. So ist dein Verhalten auf einer Party anders als im Büro, und du gehst mit Kindern anders um als mit Erwachsenen. Einem Dieb begegnest du anders als jemandem, der dir Hilfe anbietet. Die Fähigkeit, Menschen und Umstände richtig einschätzen zu können, beruht im wesentlichen auf der gleichen Gabe, die uns Freunde und Partner finden sowie fair mit Menschen umgehen läßt.

Was du tun kannst: Im folgenden Abschnitt wirst du eine Übung lernen, die dir zeigt, wie du die soziale Fähigkeit erwerben kannst, bewußt Beziehungen einzugehen und damit all deine Beziehungen, auch die engsten, zu verbessern.

Wenn du die Kraft des Handelns anwenden willst, solltest du dabei zwei sehr wichtige Punkte im Auge behalten. Zuerst das Prinzip der *Nicht-Anhaftung* an die Ergebnisse. Nicht anzuhaften bedeutet, daß du – obwohl dein Handeln einen eindeutigen Zweck erfüllt – nicht auf ein bestimmtes Ergebnis abzielst.

Wenn du nur zur Tat schreitest, um das, was du willst, Wirklichkeit werden zu lassen, wird dies früher oder später zu den gewünschten Ergebnissen führen. Wichtig ist allein, daß du deine Erwartungen nicht zu konkret und detailliert werden läßt. Ein Beispiel: Vielleicht möchtest du etwas für dein Liebesleben tun und beschließt, tanzen zu gehen. Es ist durchaus möglich, daß du dabei nicht den geringsten Spaß haben wirst. Vielleicht wird dies sogar eine der unangenehmsten Erfahrungen deines Lebens. Nicht anzuhaften bedeutet also in diesem Fall, daß du diese Möglichkeit nicht von vornherein ausschließt, bevor du dort hingehst. Dein Ziel ist es, etwas für dein Liebesleben zu tun, und genau das wird auch geschehen. Doch wann und wie dies geschieht, darüber wachen die Universalen Gesetze oder dein Höheres Selbst.

Das zweite Prinzip, das du beim Handeln niemals aus den Augen verlieren solltest, ist das der Ausgewogenheit. Wenn du auch nur eine der fünf Ebenen vernachlässigst, verlierst du an Kraft. Ausgewogenheit ist der Schlüssel zu harmonischer Entwicklung der Persönlichkeit. Nährst du z. B. deinen Intellekt, ohne deine sozialen Fähigkeiten gleichermaßen zu fördern, so errichtest du damit eine dicke Mauer zwischen dir und anderen Menschen und wunderst dich am Ende noch, weshalb du dich so allein fühlst.

Wie du Beziehungen bewußt eingehst

Die Qualität deiner Erfahrungen im Beziehungsbereich hängt also von deinen sozialen Fähigkeiten ab. Nun möchte ich etwas sehr Kraftvolles mit dir teilen. Dabei handelt es sich um einen Weg, der dir zeigen soll, wie du Bewußtheit in deine Beziehungen bringen und dir damit unendliche Möglichkeiten eröffnen kannst.

Wir haben bereits festgestellt, daß jede Partnerschaft aus drei wesentlichen Elementen besteht: dem Selbst, dem anderen und der Verbindung zwischen diesen beiden. Richtest du deine Aufmerksamkeit auf diese drei Anteile, *während du in Kontakt mit der anderen Person trittst*, so wirst du bald sehen, daß du damit die Qualität eurer Beziehung heben und die Art und Weise, wie sie auf euch beide wirkt und euch beeinflußt, erheblich verbessern kannst. Die Ergebnisse, die dieses doch ziemlich einfache Vorgehen, hervorbringen kann, sind geradezu magisch. Diese drei Schritte hin zu mehr Bewußtheit setzen ungeahnte Kräfte frei. Machst du dir dieses Handeln zur Gewohnheit, werden deine Beziehungen sich zusehends verbessern. Und gleichzeitig wird sich dein Bewußtsein in puncto Beziehungen mehr und mehr erweitern. Das heißt, daß du dein schöpferisches Potential auf immer höherer Ebene verwirklichen kannst. Dadurch erfährt auch dein Liebesleben die Harmonie einer Seelenpartnerschaft auf immer höherem Niveau.

Diese drei Schritte der Bewußtheit kannst du immer anwenden, wenn du mit anderen in Kontakt trittst. Übe sie ganz bewußt. Frag dich selbst, ob du dich auf diese drei Punkte konzentrierst, sobald du mit einer anderen Person sprichst, ihr zuhörst oder ganz einfach mit ihr zusammen bist. Ganz allmählich wird dich dieses Bewußtwerden von dem Zwang befreien, automatisch reagieren zu müssen, und dir erlauben, deine Antwort so zu gestalten, daß sie immer bessere Ergebnisse für dich bringt.

Hier eine kurze Beschreibung dessen, was es bedeuten kann, seine Aufmerksamkeit auf diese drei Punkte zu lenken:

1. Die **Bewußtheit deiner selbst** haben wir bereits dargestellt. Dieser Begriff bedeutet, daß du darauf achtest, was du sagst und wie du es sagst, und daß du beobachtest, was du tust, denkst, fühlst, während du gerade dabei bist.
2. **Sich des anderen bewußt sein** heißt, daß wir unsere Aufmerksamkeit darauf richten, was er oder sie tut und sagt. Du nimmst wahr, wie der andere auf dein Handeln, Denken, Fühlen reagiert, und richtest dein Augenmerk intuitiv darauf, was in seinem Inneren geschieht.
3. **Bewußtheit der Beziehung** bedeutet, daß du dir der Art von Energie bewußt bist, die in diesem Augenblick zwischen dir und der anderen Person fließt. Ist es Zärtlichkeit? Freundschaft? Geschäftliches? Ist die Energie harmonisch? Chaotisch? Aufwühlend oder ruhig? Stark? Ist sie heilig? Tut sie dir gut? Gibt es Spannungen?

Bist du dir deiner selbst bewußt, so erkennst du langsam, welche deiner Handlungen Streß, Probleme oder Unglück hervorrufen. Und es fällt dir plötzlich auf, wenn du mechanisch reagierst, ohne die drei Schritte der Bewußtheit angewandt zu haben.

Erkennst du, was im anderen vorgeht, so wirst du verstehen, was er braucht, wie du helfen und was du sagen oder tun kannst. Du wirst auch spüren, was du zu euer beider Vorteil vermeiden solltest.

Und richtest du deine Aufmerksamkeit auf die Beziehung selbst, findest du bald heraus, was du tun kannst, um ihr mehr Sinn, Ordnung, Schönheit und Kraft zu verleihen. Du wirst herausbekommen, was gut ist und was eurer Beziehung schadet.

Diese Übung weckt genau die Form von Bewußtheit, die den inneren Heilungsvorgang in Gang bringt. Bald wirst du tief in dir erkennen, wie es anderen geht, ob sie sich wohlfühlen oder nicht, ob sie Streß empfinden oder nicht. Du wirst sehen, welche Auswirkungen eure Beziehung auf den anderen hat und welchen Einfluß das, was du tust, denkst, fühlst oder sagst, auf ihn oder sie hat. Du wirst dir der Veränderungen und Wandlungen ganz deutlich bewußt sein, die du anregen kannst, um im anderen den harmonischen und heilenden Prozeß der Selbstfindung zu unterstützen.

Die einfache Übung, die im folgenden beschrieben wird, soll dir dabei helfen, deine Aufmerksamkeit auf die drei Schritte zu lenken. Denk an eine Begegnung mit einer anderen Person zurück. Ganz gleich ob sie erst einen Moment oder schon ein halbes Leben zurückliegt.

Nimm nun dein Partnerschafts-Tagebuch zur Hand, und teil eine Seite in drei senkrechte Spalten auf. Über die linke Spalte schreibst du »Selbst«, über die mittlere »Beziehung« und über die rechte »Der andere«.

In die Spalte »Selbst« schreibst du nun etwas, was du gesagt, getan, gedacht oder gefühlt hast, als du mit dieser anderen Person zusammen warst.

In die Spalte »Der andere« notierst du nun etwas, was der andere gesagt, getan, gedacht oder gefühlt hat. Aber sei vorsichtig, wenn du die Gedanken und Gefühle eines anderen aufschreibst. Es kann sein, daß du nur glaubst, sie zu kennen. Selbst wenn der andere dir sagt, was er angeblich gedacht oder gefühlt hat, ist alles, was du weißt, daß *er gesagt* hat, er habe dies oder jenes gefühlt bzw. gedacht. Dieser Punkt ist wirklich wichtig und hat nichts mit mangelndem Selbstbewußtsein zu tun. Ganz im Gegenteil – es ist eine Frage der Genauigkeit und verhilft dir schließlich zu klarerer und erhöhter Bewußtheit.

In der Spalte »Beziehung« vermerkst du nun die Qualität eurer Beziehung. Dies entspricht der Spitze des Dreiecks in Kapitel 3 (siehe Seite 54). War sie angenehm, harmonisch, heftig, freundlich, zärtlich, liebevoll oder kalt, oberflächlich, aufwühlend, unangenehm, von Streit geprägt, einfach oder schwierig? Beschreib sie mit höchstens ein oder zwei Worten.

Das Selbst, der andere und die Beziehung *verändern* sich ständig. Daher ist es wichtig, ihnen ständig Aufmerksamkeit zu schenken.

Dieses schriftliche Aufzeichnen deiner Beziehungen hilft dir, deine Bewußtheit in dieser Hinsicht zu vergrößern. Der beste Weg ist aber nach wie vor die ständige und bewußte Übung der drei Schritte während sämtlicher persönlicher Begegnungen im Laufe des Tages. So machst du die schnellsten Fortschritte, was Bewußtheit in Beziehungen betrifft, und steigerst deine Fähigkeit, dein Verhältnis zu anderen Menschen mit mehr Kreativität, Liebe und Intelligenz zu erfüllen.

Du kannst auch weitere Beziehungen, z. B. eine aus der Vergangenheit, in deinem Partnerschafts-Tagebuch festhalten. Du könntest beispielsweise dein Leben in drei gleich große Abschnitte aufteilen. Bist du 30, so wählst du drei Zehn-Jahres-Zeiträume. Bist du 60 Jahre alt, dann nimm Abschnitte von je 20 Jahren. Such dir nun aus jedem Zeitraum eine wichtige Beziehung heraus, und beschreib sie mit Hilfe der drei Schritte.

Zielgerichtetes Handeln

Sobald du handelst, um ein bestimmtes Ziel zu erreichen, wird diese Handlung automatisch die Möglichkeiten anziehen, die dir helfen, dieses Ziel zu erreichen. Ganz gleich wie die Ergebnisse deines Handelns momentan auch aussehen mögen, das Ziel, das du damit verfolgst, wird letztendlich die Folgen bestimmen.

Zeichne in dein Partnerschafts-Tagebuch ein weiteres gleichseitiges Dreieck. Dieses Dreieck bezeichnet die drei Punkte zielgerichteten Handelns. Die Zeichnung hilft uns, uns bewußt zu werden, wie wir die Macht des Handelns so einsetzen, daß wir sie letztlich besser für unsere Zwecke nutzen können. Schreib über die obere Spitze des Dreiecks »Ziel«, in die linke untere Ecke »Handlung«, in die rechte »Auswirkungen«. Unter die mit »Handlung« bezeichnete Ecke schreibst du noch »geistig, emotional, körperlich und sozial«.

Ruf dir nun etwas ins Gedächtnis, was du heute getan hast, völlig gleichgültig, was es war. Hast du dich festgelegt, dann schreib diese Handlung unter die »Handlungs«-Ecke, z.B. »geduscht, gefrühstückt«.

Über der mit »Ziel« benannten Spitze notierst du nun, welchem Ziel diese Handlung diente. Wozu hast du es getan? Was wolltest du damit erreichen? Um bei unserem obigen Beispiel zu bleiben: »Körperhygiene, Ernährung.«

Nun halt unter der mit »Auswirkungen« bezeichneten Ecke fest, was dir diese Handlung gebracht hat. Welche unmittelbaren Auswirkungen hatte sie? In unserem Beispiel wären das: »Ich fühlte mich sauber und erfrischt und war satt.«

Ein anderes Beispiel: Neulich rief ich einen Freund an. Mein Ziel war, mich wieder einmal zu melden, um die Verbindung aufrechtzuerhalten. Das Ergebnis war jedoch, daß ich eine Nachricht auf dem Anrufbeantworter hinterlassen mußte, weil niemand ans Telefon ging.

Manchmal bin ich selbst überrascht vom Zweck meiner Handlungen, ein anderes Mal kann ich ihn nicht klar ausmachen. So ging es mir z. B. mit diesem Anruf bei meinem Freund. Bis zu diesem Moment hatte ich nicht über den Zweck meines Handelns nachgedacht. Ich hatte einfach nur Lust, mit ihm zu reden, dachte ich. Erst im nachhinein wurde mir meine Absicht deutlich.

Das Ziel dieser Übung ist, daß wir uns stärker bewußt werden, was wir tun, warum wir es tun und welche Folgen unser Handeln hat. Diese Bewußtseinserweiterung hilft uns, unsere Wahl bewußter und zielgerichteter zu treffen. Schließlich wird es uns zur Gewohnheit, unsere Handlungen im Hinblick auf unsere Ziele und die Folgen, die sie haben werden, zu betrachten, und zwar *bevor* wir zur Tat schreiten.

Wenn ich diese Übung regelmäßig mache, fällt es mir leicht, sie auch im Alltag anzuwenden. Erinnere ich mich daran, so kann ich gewöhnlich eine Menge unsinniger Aktionen und Reaktionen auf den vier unteren Ebenen meiner Kraft vermeiden: auf der geistigen, der emotionalen, der körperlichen und der sozialen. Die Übung trägt also dazu bei, daß mir mehr von meiner Energie für das Erreichen meiner Ziele zur Verfügung steht.

Am stärksten hat sich diese Verbesserung bei mir auf verbaler Ebene ausgewirkt. Zunächst einmal wurde mir nämlich bewußt, wieviel Zeit, Aufmerksamkeit und Energie ich mit überemotionalen, sinnlosen, unbewußten und mechanischen Äußerungen verschwendet habe.

Mit zunehmender Bewußtwerdung jedoch kann ich wählen, was ich sagen werde, um damit ein bestimmtes Ziel zu erreichen. Ich kann aber auch schweigen oder zuhören, wenn ich das für besser halte. So kann ich die Kraft, die ich bisher verschwendet habe, voll nutzen.

Ruf dir nun etwas ins Gedächtnis, was zu erst vor kurzem zu jemand anderem gesagt hast – ein Wort oder einen Satz, den du dann unter »Handlung« aufschreibst. Ich habe z. B. heute morgen meiner Frau einen guten Morgen gewünscht.

Oberhalb von »Ziel« beschreibst du nun, was du damit erreichen wolltest. Ich z. B. wollte unseren gegenseitigen Respekt und die Harmonie, die zwischen uns herrscht, fördern. (Bis zu diesem Moment war mir nicht klar, daß ich dies wollte.)

Unter »Auswirkungen« notierst du jetzt eine oder mehrere der unmittelbar sichtbaren Folgen deiner Äußerung. Ich spürte u. a. mehr Wärme und Nähe zwischen mir und meiner Frau.

Es ist mir aufgefallen, daß ich nach einem heftigen Streit meist nicht herausfinde, was ich mit bestimmten Dingen sagen wollte, auch wenn ich diese Methode dabei anwende. Ich bin mir nicht sicher, was ich damit eigentlich erreichen wollte. Wenn das passiert, verbringe ich normalerweise einige Zeit damit, über meine Beziehung zu dieser Person nachzudenken, um möglichst klar zu erkennen, was ich von dieser Beziehung möchte.

Die Übung mit dem Dreieck läßt sich auch auf die anderen Ebenen unserer Person übertragen: die geistige, die emotionale und die soziale. Versuchen wir es doch einmal mit der sozialen Ebene. Denk an einen Augenblick, in dem du – persönlich oder am Telefon – in Kontakt mit einer anderen Person gestanden bist. Das kann ein Kunde sein, eine Kollege, ein Familienmitglied, ein Freund oder dein Partner. Fällt dir etwas ein, so schreib den Namen der Person unter »Handlung« auf. Ich habe erst kürzlich mit einem Freund telefoniert, also schreibe ich seinen Namen hin.

Als nächstes notierst du den Zweck deines Kontaktes mit ihm/ihr. (Oder der Gruppe, wenn du mit mehreren

Menschen zu tun hast. Beschreib sie mit wenigen Worten.) In meinem Fall war es mein Freund, der mich zurückrief. Da ich aber an dem Gespräch beteiligt war, mußte ich damit etwas bezweckt haben. Wenn ich jetzt darüber nachdenke, war meine Absicht, Interesse für seine Angelegenheiten zu zeigen und unsere Verbindung so aufrechtzuerhalten.

Unter »Auswirkungen« hältst du dann in ein paar Worten die sichtbaren Folgen fest, die dein Zusammensein mit dieser Person oder Gruppe hatte. In meinem Fall war das die Zuneigung, die ich für meinen Freund empfand, nachdem wir miteinander gesprochen hatten.

Diese Übung hat mir häufig dabei geholfen, die Menschen zu erkennen, die in mir ein Gefühl des Ausgebranntseins hinterlassen, wenn ich mit ihnen zusammen war. Außerdem lernte ich, die Auswirkungen meiner Beziehung zu anderen auf Ebenen zu erkennen, die so fein waren, daß ich sie gewöhnlich übersah, die aber nichtsdestotrotz sehr wichtig sind. Im wesentlichen brachte mir diese Übung eines: Ich achte nun genauer darauf, mit wem ich zusammen bin und wann.

Nun wollen wir sie auf der emotionalen Ebene ausprobieren. Denk an einen Augenblick, in dem du dich wütend, zornig, deprimiert oder aber glücklich, heiter und inspiriert gefühlt hast. Wenn dir etwas einfällt, beschreib deine Gefühle kurz unterhalb der Ecke »Handlung«. Ich dachte z.B. an einen Moment, in dem ich mir selbst sehr leid tat.

Über der Spitze »Ziel« notierst du, welchen Zweck dein Gefühl oder dein Zustand erfüllen sollten. Was wolltest du damit erreichen? (Ich weiß, daß wir es nicht gewöhnt sind, einem Gefühl einen Zweck zuzuordnen. Doch auch Gefühle haben Auswirkungen; daher sind sie Kräfte, die wir für unser Bestes und das anderer Menschen einsetzen können.) Mein Zweck war ganz einfach, meine Unzufriedenheit zum Ausdruck zu bringen.

Sobald mir das Ziel meines Handelns klar ist, kann ich mich danach ausrichten. Wenn ich mir also den Zweck meines Selbstmitleids anschaue, macht mich dieses Gefühl darauf aufmerksam, daß in meinem Leben offenbar etwas geschieht, was Unzufriedenheit in mir auslöst. Daher setze ich mein Denken (geistige Handlung) ein, um herauszufinden, was ich eigentlich will. Dann setze ich mein Denken nochmals ein, um festzulegen, welchen Weg ich beschreiten soll, um dieses Ziel zu erreichen. Sobald ich das getan habe, habe ich mein Selbstmitleid zum Antrieb für eine nutzbringende, zielgerichtete Handlung gemacht, und das muntert mich wieder auf.

Unter »Auswirkungen« bringst du nun zu Papier, welche Folgen deines emotionalen Zustandes du beobachten konntest. In meinem Fall war eine der Auswirkungen meines Selbstmitleids das Gefühl, ohnehin nichts dagegen tun zu können – so lange, bis ich mir meiner Gefühle bewußt wurde.

Natürlich läßt sich dieses Schema auch auf geistige Handlungen anwenden – mit leichten Abänderungen. Beginne zunächst, deinen Geist zu beobachten. Schließ einfach deine Augen, und achte auf den ersten Gedanken, das erste Wort oder Bild, das kommt. Sobald ein Gedanke auftaucht (möglicherweise wirst du etwa fünf Sekunden brauchen, um festzustellen, daß du vor vier Sekunden etwas gedacht hast), schreibst du ihn unter »Handlung« auf. Ich habe diese Übung eben gerade gemacht, und einer der Gedanken, die mir durch den Kopf schossen, war, daß ich mich fragte, woher die Gedanken überhaupt kommen.

Über »Ziel« schreibst du nun, welcher Zweck hinter diesem Gedanken steht. Jeder Gedanke entspringt einem Antrieb, einem bestimmten Interesse oder einer Sorge. Jedenfalls versuchen wir immer, mit unserem Denken etwas zu erreichen.

Meist ist es ziemlich schwierig, herauszufinden, warum

ein bestimmter Gedanke entstand, da sein Beweggrund schnell und unbemerkt wieder verschwindet. Manchmal scheint es auch, als seien die Gedanken nur der bewußte Widerschein dessen, was wir gerade gesehen oder erlebt haben, und als würden sie in unserem Geist völlig sinn- und grundlos aufblitzen, um gleich darauf wieder zu verschwinden. Wenn du den Zweck eines Gedankens oder Gefühls, einer Handlung nicht herausbekommst, versuch es mal mit folgender Frage: »Warum habe ich das gedacht, gesagt, gefühlt, getan?« Laß dir ein paar Minuten Zeit, und sieh dann, ob eine Antwort kommt. Wenn nicht, laß den Platz einfach frei.

Schließlich notierst du noch unter »Auswirkungen« einen oder mehrere der Folgen, die dein Gedanke hatte. Ich z.B. wurde mir klar darüber, daß ich die Quelle meiner Gedanken gar nicht genau kenne. Mir fiel dazu eine Theorie ein, aber ich weiß nicht, ob sie stimmt oder nur logisch ist. Da dieses Thema mich nicht sonderlich berührte, verspürte ich als Auswirkung kein deutliches Gefühl. Normalerweise rufen Gedanken jedoch starke emotionale Reaktionen hervor, den Zwang, etwas zu tun oder zu sagen, beispielsweise oder den Eindruck von Sicherheit und Wohlergehen etc.

Nun noch eine letzte Anwendungsmöglichkeit für unser Dreiecksschema, die es uns erlaubt, unsere Kraft, zielbewußt zu handeln, bis zum letzten zu nutzen. Wir können es einsetzen, um unser künftiges Handeln in der Zukunft zu planen. So kannst du damit dein Liebesleben erfüllter gestalten.

Beim Planen beginnen wir an der Spitze des Dreiecks. Der erste Schritt ist, unsere Absichten zu klären. Über »Ziel« schreibst du also etwas, was du in der Liebe erreichen willst. Wenn du im Augenblick kein bestimmtes Ziel hast, dann kannst du auch einfach schreiben: »Mein Liebesleben vervollkommnen«.

In diesem Stadium der Übung kannst du so oberflächlich oder tiefschürfend sein, wie du möchtest. Tatsächlich ist es oft besser, mit einem oberflächlicheren Ziel anzufangen, wenn du diese Übung noch nie gemacht hast. Du wünschst dir also, daß dein Partner/deine Partnerin sich aufreizender anzieht, wenn ihr ausgeht. Oder du schreibst einfach, daß du gerne deinen Traumpartner kennenlernen, dich unsterblich verlieben, eine Familie gründen und bis an dein Lebensende glücklich sein möchtest.

Ich wollte zu dem Zeitpunkt, als ich dieses Buch schrieb, klären, wie es in meiner Beziehung weitergehen sollte. Ich war nicht ganz sicher, in welche Richtung sich meine Partnerschaft entwickeln würde. Das soll nicht heißen, daß etwas nicht stimmte. Ich war nur nicht sicher, welche Art von Zukunft ich mir vorstellte. Also beschrieb ich mein Ziel mit: »Klarere Einsicht gewinnen«.

Sobald du dein Ziel schriftlich festgehalten hast, überleg dir, was du nun unternehmen könntest, um deine Schritte in die entsprechende Richtung zu lenken. Mit anderen Worten: Denk nach, was du für das, was du willst, tun kannst. (Sei dir darüber im klaren, daß es schon eine Handlung, und zwar auf geistiger Ebene, ist, deine Gedanken in diese Richtung zu lenken, und daß dieses Handeln darauf abzielt, dein Ziel zu verwirklichen. Nimm dir trotzdem ein paar Minuten Zeit, um noch etwas anderes zu finden, was du für dich tun kannst.) Hast du schließlich nichts anders gefunden, so schreib: »Weiter darüber nachdenken, was ich tun kann« oder »Offen und jederzeit bereit sein, wenn mir eine Idee kommt, wie ich sinnvoll handeln könnte, um mein Ziel zu erreichen«.

Konzentrier dich als nächstes auf die möglichen Auswirkungen deines Handelns. Gibt es, davon abgesehen, daß es dich deinem Ziel näherbringt, andere vorstellbare Folgen? Verbring mit dieser Frage nicht zuviel Zeit, es sei denn, du hast das Gefühl, daß das nötig ist. Schreibst du hier nichts auf, so komm auf diese Frage zurück, nachdem du deine Handlung ausgeführt hast, und notier eine oder mehrere der erkennbaren Wirkungen.

Ich empfehle dir, diese Übung häufig, wenn möglich sogar jeden Tag, zu machen. Sie wird dir helfen, alle fünf Ebenen des Handelns bewußt einzusetzen, und dir die unmittelbaren Folgen deiner spontanen Entscheidungen vor Augen führen.

Alles, was wir sagen, denken, fühlen und tun, nimmt unsere Energie zu einem gewissen Grad in Anspruch. Je mehr Energie wir bewußt und direkt lenken, um so schneller werden wir unsere Ziele erreichen.

Dich innerlich auf das einzustellen, was du dir wünschst, und zielbewußt zu handeln, um genau das Wirklichkeit werden zu lassen, füllt diese auf dein Ziel ausgerichteten Schritte mit Energie. Energie, die nun nicht mehr in negative Zustände einfließen kann. Derselbe Grundsatz läßt sich auch auf Schwierigkeiten in unserem äußeren Leben anwenden. Achte darauf, was du tust, um ein Problem zu nähren. Und richte dann dein Augenmerk darauf, wie du auf eine Art und Weise handeln kannst, die das Problem umgeht.

Nutze die Energie, die du für die Aufrechterhaltung negativer Zustände brauchst, und setze sie in zielbewußtes Handeln um, das dir hilft, deine Träume wahr zu machen. Das befreit dich von deinem Problem und zieht ganz automatisch die Lebensumstände an, die du ersehnst. Es wird vielleicht eine Weile dauern, bis du dich daran gewöhnt hast, all die Energie, die du gewöhnlich auf schädliche Weise verpulverst, in auf dein Ziel gerichtete Bahnen zu lenken. Aber wenn du nicht aufgibst, wirst du auch hier der Sieger bleiben.

Magisches Handeln

Du wirst genau die Erfahrungen machen, auf die dein Handeln abzielt. Dabei kann dein Tun direkt oder symbolisch auf dein Ziel hinwirken. Eine symbolische Handlung ist etwas, was für eine zielgerichtete Handlung steht und sie versinnbildlicht.

Läßt du deine Energie in eine Handlung einfließen, die einen symbolischen Zweck hat, so ist diese Handlung magisch, da sie das Unbewußte und die Kräfte der Natur durch das beeinflußt, was dabei unsichtbar mitschwingt.

Seit Anbeginn aller Zeiten sind magische Handlungen ein wichtiger Bestandteil jeder Religion und Kultur. Jede Geste in einer Zeremonie, jedes Kostüm – das Kreuz, das du über deiner Brust schlägst, wenn du katholisch bist, oder der Talar und das Barett, das Anwärter bei der Verleihung eines akademischen Titels tragen – soll durch eine symbolische Handlung etwas sehr Wirkliches hervorrufen.

Ich möchte dir nun Schritt für Schritt zeigen, wie du *magische Handlungen* für dein Liebesleben einsetzen kannst. Achte aber auch hier darauf, dich nicht zu sehr mit deinem Vorhaben zu identifizieren. Versuch nicht, mit dieser oder einer anderen Übung im Buch eine andere Person zu verändern. Diese Regel zu brechen bedeutet, den freien Willen anderer Menschen zu mißachten.

Übung 14: Magisches Handeln

1. *Erkenne, was du willst:* Schreib in dein Partnerschafts-Tagebuch, was du dir von deiner großen Liebe wünschst. Mach einfach eine Liste all der Eigenschaften, die du in einem Partner

suchst. Notier dabei für jede Ebene der Persönlichkeit eine oder mehrere Eigenschaften: körperliche, emotionale, geistige, spirituelle und soziale (wie dein Partner oder ihr beide auf andere zugeht). Sei dir während des Schreibens bewußt, daß du diesen materiellen Akt des Schreibens vollziehst, um deine Traumpartnerschaft in dein Leben zu holen.

2. *Das Rechteck:* Zeichne ein Rechteck um das, was du geschrieben hast. Denk dabei daran, daß jede Handlung Ergebnisse hervorbringt.
3. *Handauflegen:* Leg nun eine Handfläche auf das, was du geschrieben hast. Stell dir vor, daß du damit die Erfahrung anziehst, für die deine Worte stehen, und die du in der Tiefe deines Herzens und deiner Seele ersehnst. Wisse, daß dieses Handauflegen deine Energie in einem Punkt konzentriert und sie dort mit deinen Träumen verbindet.
4. *Schöpferisches Atmen:* Jetzt werden wir unseren Atem einsetzen. Atme lang und tief ein, und zwar ganz langsam. Laß diese Einatmung so lange wie möglich dauern. Beginne mit vollkommen geleerter Lunge, und atme so langsam es geht ein, bis sie vollständig mit Luft gefüllt ist. Während des Einatmens bleibt deine Hand auf deiner Liste liegen. Stell dir vor, wie dein Atem deine Traumpartnerschaft anzieht.
5. *Affirmation:* Steh jetzt auf, und wiederhole folgende kabbalistische Affirmation, während du an deinen Seelengefährten denkst. Mal dir dabei aus, wie das Aussprechen dieser Worte deine Traumpartnerschaft in genau der beschriebenen Weise zu dir bringt. (Laß beim Aussprechen die Zahlen weg!)

Wir folgen dem Pfad, der uns zueinander führt, …

1. der unserem höchsten spirituellen Potential entspricht,
2. von höchster Weisheit
3. und vollkommenem Verstehen erfüllt ist,
4. der wirklich barmherzig
5. und gerecht ist,
6. der Liebe und Mitgefühl für alle Wesen mit sich bringt,
7. der unseren persönlichen Zielen entspringt, wahrhaft mutig und siegreich ist,
8. der voller Ehre, Selbstachtung und Aufrichtigkeit ist,
9. der Sicherheit und beständiges Gleichgewicht mit sich bringt,
10. der unseren Wohlstand und unser körperliches Wohlbefinden stärkt.

6. *Kraft:* Hier lernst du, wie du deine Körperkraft auf magische Weise gebrauchen kannst. Stell dich vor eine Wand in deinem Zimmer, und drück dort vorsichtig, ohne dich zu verletzen, aber mit all deiner Kraft dagegen. Stell dir dabei vor, wie deine Anstrengung deine Traumbeziehung zu dir trägt.
7. *Mit den Händen handeln:* Die Hände sind ein altes Symbol für Meisterschaft und Macht – du hast alles »im Griff« deiner Hände. Halte deine Hände zu kleinen Schalen geformt vor deinen Körper, so als wolltest du Regentropfen auffangen. Stell dir vor, daß du deinen wundervollsten Traum von der großen Liebe in den Händen hältst. Er paßt genau hinein. So wie du ihn nun in den Händen hältst, so ist er bereits in deinem Leben präsent. Falte nun deine Hände

und presse die Handflächen flach aufeinander. Stell dir vor, wie du mit diesem Druck deine Traumbeziehung in die Wirklichkeit und dein Leben preßt.

8. *Stille:* Bleib während der nächsten 30 Sekunden absolut still. Erlaub dir keine andere Bewegung außer der des Atmens. Während du dich darauf konzentrierst, völlig ruhig zu bleiben, stell dir vor, daß du dies um deines Seelengefährten willen tust.
9. *Dankbarkeit:* Stell dir während der nächsten 30 Sekunden einfach vor, wie die Tatsache, daß du deine Liebe erlebst, die dich in jeder Beziehung vollständig glücklich macht, die dir Frieden und höchste Freude schenkt und von der du einfach weißt, daß »es gut ist«, dich mit tiefer Dankbarkeit erfüllt. Vielleicht fällt dir dies leichter, wenn du die Hände zum Gebet faltest und deine Gedanken auf das Wort »danke« ausrichtest.
10. *Erfolg:* Mal dir nun weitere 30 Sekunden lang aus, daß du in deiner Beziehung einfach alles hast, was du willst. Alles geschieht. Frag dich, was du als nächstes tun willst. Wie wirst du nun, da du dein Ziel erreicht hast, weitermachen?

Magische Handlungen wirken auf den ersten Blick oft einfältig. Wir müssen uns dabei wie Kinder benehmen – vertrauensvoll, unschuldig und offen. Das allein kann schon sehr gut für uns sein, uns von Streß befreien und uns zu dem zuversichtlichen Teil unserer Persönlichkeit führen. Magische Handlungen erschaffen ein elektromagnetisches

Feld, das genau die Dinge, deretwegen wir sie machen, zu uns bringt. Und sie richten den Körper auf das aus, was wir wollen, so daß wir in der Lage sind, die Handlungen auszuführen, die uns an unser Ziel bringen.

Vielleicht klingelt dein Telefon nicht sofort, nachdem du deine magische Handlung ausgeführt hast. Vielleicht verwandelt sich dein Liebster auch nicht von einem Moment auf den anderen. Eines aber ist sicher: Unternimmst du etwas, um deine Träume Wirklichkeit werden zu lassen, und sei es nur symbolischer Natur, dann wird und muß dein Leben sich so verbessern, wie du es dir wünschst. Das ist das Kosmische Gesetz.

Und darauf kannst du dich immer verlassen. Weißt du nicht, worauf oder wem du vertrauen sollst, dann denk an das Kosmische Gesetz der Anziehung. Damit kannst du dein Leben sicher lenken.

Der Gesang vom Lebensbaum und deinem Seelengefährten

Sprechgesänge oder Chants werden seit Tausenden von Jahren eingesetzt, um Energien zu erwecken, zu bündeln und zu lenken. Weiter unten findest du das Chanting vom Seelengefährten, das auf den im Lebensbaum dargestellten Kräften beruht.

Die Zahl, mit der jede einzelne Zeile bezeichnet wird, bezieht sich auf die entsprechenden Kreise in der Zeichnung vom Lebensbaum (siehe Seite 9). Jeder dieser Kreise steht für eine grundlegende Kraft oder Energie in unserem Universum und in uns selbst. Diese zehn Kräfte werden in dem Chanting beschrieben.

Richte deine Gedanken ganz auf deine Traumpartnerschaft, während du den Sprechgesang rezitierst. Er erhöht die Energie dieser Verbindung und fördert den Prozeß ihrer Verwirklichung. Laß dich ganz auf die in dem Chanting dargestellten Eigenschaften ein, fühl sie und sei bei der Visualisierung so genau wie nur möglich.

Die Zahlen beziehen sich auf das Lebensbaum-Diagramm und werden nicht gelesen.

Der Gesang vom Seelenpartner

1. Sie/Er ist spirituell ausgerichtet.
2. Sie/Er ist weise.
3. Sie/Er ist verständnisvoll.
4. Sie/Er ist voller Vertrauen und Vergebung.
5. Sie/Er ist klug und scharfsinnig.
6. Sie/Er ist voller Liebe und Mitgefühl.
7. Sie/Er empfindet unsere Liebe als Triumph.
8. Sie/Er hat Achtung vor sich selbst.
9. Sie/Er findet sexuelle Erfüllung in unserer Beziehung.
10. Sie/Er findet meinen Körper berauschend.

1. Ich bin eins mit meinem spirituellen Ich.
2. Ich bin weise.
3. Ich bin verständnisvoll.
4. Ich bin voller Vertrauen und Vergebung.
5. Ich bin klug und scharfsinnig.
6. Ich bin voller Liebe und Mitgefühl.
7. Ich empfinde unsere Liebe als Triumph.
8. Ich habe Achtung vor mir selbst.
9. Ich finde sexuelle Erfüllung in unserer Beziehung.
10. Ich finde ihren/seinen Körper berauschend.

1. Gemeinsam leben wir in vollkommener spiritueller Harmonie.
2. Gemeinsam sind wir weise.
3. Gemeinsam sind wir verständnisvoll.

4. Gemeinsam sind wir voller Vertrauen und Vergebung.
5. Gemeinsam sind wir klug und scharfsinnig.
6. Gemeinsam sind wir voller Liebe und Mitgefühl.
7. Wir empfinden unsere Liebe als Triumph.
8. Wir empfinden Achtung füreinander.
9. Gemeinsam finden wir sexuelle Erfüllung in unserer Beziehung.
10. Wir beide finden den Körper des anderen berauschend.

Während du laut den Sprechgesang rezitierst, konzentrierst du dich auf die innere Erfahrung, für die diese Worte stehen. Sprich das Chanting langsam und deutlich. Und sei dir dabei bewußt, daß jetzt, in diesem Augenblick, deine Traumbeziehung entsteht. Hast du alle Teile einmal von oben nach unten gelesen, so wiederhol das Ganze in umgekehrter Reihenfolge, d.h. von unten nach oben.

Du kannst den Gesang auch auf Band aufnehmen und ihn mit deiner Lieblingsmusik unterlegen. Sprich langsam und deutlich, bis eine ganze Kassettenseite voll ist. Die Wiederholung wird seine Wirkung vertiefen und dir helfen, immer tiefer und tiefer in die Erfahrung deiner großen Liebe einzutauchen. Spiel die Kassette ab, wenn du dich entspannst, ein Nickerchen machst oder am Abend, bevor du einschläfst. Du kannst beim Hören ein bißchen mitsingen oder dein Augenmerk einfach nur auf die innere Erfahrung, die in jeder Zeile steckt, richten.

Tarotkarte IV: Der Herrscher

Am Anfang dieses Kapitels steht die Tarotkarte IV, **Der Herrscher**. Sie versinnbildlicht die aufbauende Energie des Bewußtseins, die sämtliche Kräfte für eine sinnvolle Handlung vereinigt.

Das Wasser, welches durch das Bild fließt, bezeichnet den fruchtbare Aktivität anregenden Strom der schöpferischen Vorstellungskraft, deren Bilder sich vermehren werden. Sie werden dem Kosmischen Plan des Höheren Bewußtseins folgend konzentriert und geordnet.

Das Eis über dem bewegten Strom steht für die Ideen und Vorstellungen, die sich nun zu sinnvollen gedanklichen Strukturen kristallisieren. Diese Karte versinnbildlicht auch die Ratio. Die Aufgabe der Ratio ist es, die schöpferische Vorstellungskraft in logische, systematische Muster umzuwandeln, denen wir in unseren Handlungen folgen können, um unser Ziel zu erreichen.

Das Sternzeichen Widder ist auf dieser Karte gleich zweimal symbolisch vertreten: einmal durch das Zeichen auf der Krone des Herrschers und einmal durch die Widderköpfe an den Armlehnen und oberen Ecken seines Throns. Im Zeichen des Widders drückt sich die beherrschende Rolle des Handelns aus. Gewöhnlich ordnet man ihr den Kopf als Entsprechung im menschlichen Körper zu. Das bedeutet, daß der Herrscher für Handlungen steht, die vom Logos oder der Wahren Vernunft hinter den Erscheinungen geleitet werden.

Meditierst du über dieses Bild, so gibst du deinem Unbewußten die Anweisung, das Bewußtsein einzusetzen, um deine Vorstellungskraft sanft zu überwachen. Deine Fähigkeit, logisch zu denken, wird dadurch ebenfalls gestärkt. Diese Karte hilft dir, überschüssige Energie, die sonst deinen Emotionen zufließen würde, in den Geist zurückzulenken, wo sie klares und scharfes Denken fördert.

Widmest du deine Aufmerksamkeit diesem Bild, werden deine Handlungen immer im Einklang mit dem Kosmischen Plan stehen. Außerdem versetzt es dich in die Lage, deine Vorgehensweise in deinem inneren und äußeren Handeln intelligent zu planen und zu organisieren.

Übung 15: Der Herrscher

1. Atme dreimal tief ein und aus. Versetz dich in den Zustand der *Aufmerksamkeit ohne Anspannung*.
2. Meditiere ein paar Minuten lang über die Tarotkarte IV. Spüre, wie sie deine Aufmerksamkeit ganz erfüllt und sich in deinem Innersten ausbreitet. Stell dir vor, daß dieses Bild dir jetzt zeigt, wie du deine Vernunft nutzen und dich gut organisieren kannst. Es bringt dein inneres und äußeres Handeln in Einklang mit dem Kosmischen Plan.
3. Wiederhole folgende Affirmation, und sei dir der Wahrheit bewußt, die in diesen Worten steckt: »Ich denke klar. Mein inneres und äußeres Handeln ist völlig im Einklang mit dem Kosmischen Plan.«

Sei dir im klaren darüber, daß der Herrscher in dir antworten wird und muß. Er wird dein Bewußtsein lenken, damit du deinen Lebensplan deutlich erkennen und darüber hinaus klar sehen kannst, wie du ihn erfüllst.

Tarotkarte VI: Die Liebenden

7
Sei dir selbst treu

Angela weinte nach der Hochzeit ihrer jüngeren Schwester. Tränen des Schmerzes, nicht der Freude. Sie ärgerte sich über sich selbst, weil sie ihre Schwester, die fast zehn Jahre jünger und schon verheiratet war, um ihr Glück beneidete. Angela war nicht einmal verlobt.

Sie fuhr mit dem Wagen eine schlammige Straße entlang, immer tiefer in den Wald hinein. Dort ließ sie das Auto stehen und ging zu Fuß weiter. Sie wollte auf den Mount Wheeler hinauf, der sich 4000 Meter hoch bis zu den Wolken auftürmte. Zunächst ging es ganz langsam aufwärts, später schlängelte sich der Pfad steiler zwischen schroffen Felsen hindurch. Irgendwie wollte sie ihren Schmerz loswerden und eine Antwort auf Fragen finden, die sie nicht einmal genau formulieren konnte.

Hinter einer Wegbiegung traf sie plötzlich auf einen älteren, grauhaarigen Mann, der sich auf einem Felsvorsprung auszuruhen schien. Er stellte sich als Ralph vor.

»Sie sind doch nicht allein hier, oder?« fragte Angela ihn.

»Nein«, antwortete Ralph. »Meine Leute sind weiter oben. Aber ich gehöre hierher, das ist der Gipfel meines Berges.«

Irgend etwas an ihm hielt Angela fest, denn als sie weitergehen wollte, fühlte sie sich wie durch eine magnetische Anziehungskraft zurückgehalten.

»Sie haben Kummer, nicht wahr?« meinte Ralph. »Wo liegt denn das Problem?«

Verwundert sah Angela ihn an. Gewöhnlich sprach sie mit niemandem über ihre Probleme, schon gar nicht mit einem völlig Fremden. Vielleicht war sie einfach mit ihrem Latein am Ende, vielleicht ermutigte sie gerade die Tatsache, daß er ein Fremder war – jedenfalls schüttete sie ihm ihr Herz aus.

Und als sie ihre Geschichte erzählt hatte, antwortete Ralph ihr: »Dein Wahres Selbst ist ein unvergängliches spirituelles Wesen. Es ist wie das Muster, das in einem Samenkorn angelegt ist, um seinen Wachstumsprozeß zu steuern. Und die Kraft, die in ihm steckt, um sein ganzes Potential zu verwirklichen. Lies die Bhagavadgita und wisse, daß du selbst Krishna bist. Lies die Psalmen des Alten Testaments und erkenne, daß du der Schöpfergott bist. Alle Religionen haben nur ein Ziel: den Menschen bei der bewußten Verwirklichung des ewigen »Ich Bin« zu führen und zu leiten.

Dein Wahres Selbst zieht genau die Erfahrungen an, die es zu seinem Wachstum braucht. Auf dieselbe Weise kannst du auch dein persönliches Schicksal anziehen, indem du deine kreative Vorstellungskraft einsetzt und dein Handeln danach ausrichtest. Wenn du weißt, was du willst, und es dir vorstellen kannst, kannst du auch die dazu nötigen Schritte tun. Damit ziehst du das, was du willst, unweigerlich an.

Nimm dein Leben selbst in die Hand. Zeichne mit Hilfe deiner Vorstellungskraft die Lebensumstände vor, die du dir wünschst, und tu dann, was immer dir möglich ist, um deine Ziele zu erreichen. Entwickle Vertrauen in dein Wahres Selbst. Erkenne, daß es ganz automatisch die Erfahrungen für dich bereithält, die dir den nächsten Schritt in deiner Entwicklung ermöglichen. So wirst du immer in Frieden und Sicherheit leben, auch wenn äußere Umstände sich scheinbar deiner Kontrolle entziehen.«

Angela lächelte. Sie wußte nicht, was sie davon halten sollte. »Sie sprechen über das Leben, als wäre es eine Technik. Bei Ihnen hört sich alles so logisch an.«

Ralph lachte. »Wohl kaum! Das ist einfach alles, was ich weiß.«

Ralphs Gruppe kam zurück, und er schloß sich ihnen auf dem Weg nach unten an. Angela blieb noch eine Weile auf dem Felsen sitzen. Sie dachte daran, was dieser eigenartige Mann gesagt hatte: »Ich gehöre hierher. Das ist der Gipfel meines Berges.«

Übung zum Baum des Wahren Selbst

Der einzige Weg, dein Leben mit mehr Liebe, Frieden, Freude und Sicherheit zu erfüllen, ist, dich mit deinem Wahren Selbst zu verbinden. Keine andere Beziehung kann unsere inneren Konflikte so vollständig in Harmonie verwandeln.

Und doch stärken harmonische, liebevolle Beziehungen die Kraft beider Partner. Zwei Menschen, die im Einklang miteinander leben, erreichen mehr als einer für sich allein. Je mehr die Partner aufeinander Rücksicht nehmen, einander respektieren und sich aufeinander einstellen, um so mehr können beide ihren Selbstausdruck und ihre Entwicklungsmöglichkeiten vervollkommnen.

Hinter dem Wunsch, unseren Seelenpartner zu finden, verbirgt sich letztlich unsere Sehnsucht, die höheren Ebenen des Selbst zu erlangen. Eine unharmonische Partnerschaft gehört zu den schmerzhaftesten Erfahrungen im Leben und führt oft dazu, daß wir uns auf einer sehr niedrigen Ebene des Selbst ausdrücken. Trotzdem wird jede Erfahrung schließlich wieder durch ihr Gegenteil aufgehoben. Wenn wir dieses Gesetz nicht kennen, geraten wir in Versuchung, eine problemlose Partnerschaft zu suchen – vergeblich, denn solche Beziehungen gibt es nicht.

Innige Liebesbeziehungen sind nicht an sich schon Quellen des Wachstums – sie bieten uns jedoch eine außergewöhnlich gute Gelegenheit dafür. Die Energie, die in einer solchen Beziehung steckt, kann deine Bewußtheit stärken und dein höheres Potential freisetzen. Und schon haben wir das Gefühl, unserem Lebenssinn auf der Spur zu sein. Aber du brauchst keine romantische Liebe, um deine Lebensaufgabe zu erfüllen. Wir entwickeln uns ganz von selbst. Jede Lebenssituation ist eine neue Erfahrung auf deinem Weg zur persönlichen Entfaltung. Alles, was wir brauchen, um zu wachsen, steckt bereits in uns.

Dein Wahres Selbst lernt und wächst ständig. Dieses Geschehen wird im **Lebensbaum der Kabbala** dargestellt. Jeder Kreis symbolisiert eine Entwicklungsrichtung, der du jede deiner Erfahrungen zuordnen kannst. Die Lebensbaum-Meditation soll uns an diesen Wachstumsprozeß erinnern, damit wir ihn leichter annehmen können.

Die zehn wesentlichen Eigenschaften, in denen das Höhere Selbst sich ausdrückt:

Kreis 1: Die Spirituelle Energie oder der Ort reiner Lebenskraft;
Kreis 2: Weisheit;
Kreis 3: Wissen;
Kreis 4: Barmherzigkeit, Vertrauen, Vergebung;
Kreis 5: Gerechtigkeit; die Fähigkeit, für höhere Ziele Opfer zu bringen;
Kreis 6: Mitgefühl, Liebe und inneres Gleichgewicht;
Kreis 7: Mut und Zuversicht;
Kreis 8: Achtung vor allen Wesen;
Kreis 9: unverrückbare Sicherheit im Ausdruck des Höheren Selbst;

Kreis 10: auf allen Ebenen des materiellen Seins (den Erfahrungen von Geburt, Leben und Tod im physischen Körper).

Übung 16: Lebensbaum-Meditation

1. Atme dreimal sanft und tief ein und aus. Versetz dich in den Zustand bewußter Entspannung, den du als *Aufmerksamkeit ohne Anspannung* schon kennst.
2. Betrachte ein paar Minuten lang das Bild des Lebensbaums. Stell dir vor, daß es das aktuelle Muster darstellt, das du in deinem Kern trägst. Während du es betrachtest, stellst du dir weiter vor, daß dieses Bild dich über dein Unbewußtes mit dem wahren Ziel und Zweck deines innersten Wesens verbindet.
3. Leg einen Finger auf Kreis 1 und sprich: »Ich bin eins mit dem Ort spiritueller Lebenskraft.«
4. Leg deinen Finger auf Kreis 2 und sprich: »Ich bin voller Weisheit!«
5. Leg deinen Finger auf Kreis 3 und sprich: »Ich bin voller Wissen und Verstehen!«
6. Leg deinen Finger auf Kreis 4 und sprich: »Voller Barmherzigkeit, Vertrauen und Vergebung.«
7. Leg deinen Finger auf Kreis 5 und sprich: »Voller Gerechtigkeit!«
8. Leg deinen Finger auf Kreis 6 und sprich: »Ich bin ausgeglichen, voller Liebe und Mitgefühl anderen Wesen gegenüber.«
9. Leg deinen Finger auf Kreis 7 und sprich: »Ich bin mutig und zuversichtlich.«

10. Leg deinen Finger auf Kreis 8 und sprich: »Ich achte alle Wesen!«
11. Leg deinen Finger auf Kreis 9 und sprich: »Ich bin sicher im Ausdruck meines Höheren Selbst.«
12. Leg deinen Finger auf Kreis 10 und sprich: »Durch alle Erfahrungen in meinem Leben, auch die körperlichen.«
    Nun hast du die Übung beendet. Sei dir der Wahrheit deiner Worte bewußt.

Deine wichtigste Beziehung

Kannst du annehmen, was ist, so führst du damit deinem Wahren Selbst mehr von der Energie deiner gegenwärtigen Erfahrung zu, was ihm ein Fortschreiten in seinem ewigen Entwicklungsprozeß ermöglicht. Dein Wahres Selbst zieht genau die Erfahrungen an, die es braucht. Gibst du dich diesem Prozeß völlig hin, schenkt er dir allen Frieden, alle Liebe, Freude, Sicherheit und Macht, die du brauchst.

Dieser Entwicklungsvorgang läuft ganz natürlich ab, ganz automatisch. Er ist ewig. Weder du noch ich – nichts kann ihn aufhalten. Erst wenn wir lernen, diesen Prozeß vertrauensvoll anzunehmen, entdecken wir den wahren Frieden, die Liebe, Harmonie und Sicherheit, nach der wir uns schon immer sehnen.

Das Schwierige an der dazu nötigen Hingabe ist nur, daß unser Wahres Selbst sich gewöhnlich nicht um unsere persönlichen Wünsche, Sehnsüchte, Vorlieben oder Abneigungen kümmert. Sehr häufig müssen wir sogar Umstände erdulden, denen wir verzweifelt zu entkommen suchen. Wenn das geschieht, müssen wir uns einer grundsätzlichen Entscheidung stellen.

Zwingt das Leben dich dazu, das Unerträgliche anzunehmen, so kannst du dir selbst erlauben, dich zu verändern. Laß deine Abneigungen los, und ersetz deine Wünsche durch das Vertrauen in den größeren Wandlungsprozeß, dem wir alle unterworfen sind. Entscheidest du dich dafür, so schlägst du damit den *Pfad der Weisen* ein. Dieser Pfad führt dich direkt zu höheren Bewußtseinsebenen ohne den Umweg über Widerstand und Ängste.

Hältst du dagegen an deinen Vorstellungen fest und wehrst dich gegen das, was geschieht, kämpfst du einen sinnlosen Kampf. Unsere Erfahrungen zeigen immer wieder aufs neue, daß dies die reine Verschwendung ist. Auf jeden Zyklus voller Schmerz, Verlust und Schwierigkeiten folgt eine Zeit der Freiheit und Erfüllung, die uns für das, was wir erdulden mußten, mehr als belohnt.

Du hast die Wahl: Du kannst dich dem Leben hingeben oder dich ängstlich verstecken. Keine Beziehung der Welt kann dich vor dem immerwährenden kosmischen Entwicklungsprozeß mit seinen ständig wechselnden Höhen und Tiefen bewahren. Eine Liebesbeziehung läßt ihn höchstens auf einem höheren Energieniveau ablaufen.

Dein Fortschreiten zu höheren energetischen Stufen und vollkommeneren Formen des Selbstausdrucks ist ein völlig natürlicher Prozeß, der natürlichen Gesetzen unterworfen ist. Eines davon ist das Gesetz der Zunehmenden Kraft. Es besagt, daß dein Energieniveau steigt, je stärker du im Einklang mit deinem Wahren Selbst bist. Jede Lebenssituation ist ihrem Wesen nach ein energiegeladenes System, das ständig in Bewegung ist. Bleibst du in einer bestimmten Situation gelassen und dir selbst treu, so wirst du dich beim nächsten Mal in einer Situation wiederfinden, die dir noch mehr Kraft gibt, dir aber auch mehr abverlangt. Dieser Zuwachs an Energie erlaubt dir, deinen Selbstausdrucks mehr und mehr zu entwickeln. So schreitet der Wachstumsprozeß voran.

Eine Beziehung bewahrt uns nicht vor dem emotionalen Auf und Ab, welches das Alleinsein unerträglich, aber auch eine Beziehung zur Hölle machen kann. Jede Lebenserfahrung ist ein Prüfstein für unsere Ausgeglichenheit, unsere Selbstsicherheit und unsere Fähigkeit, unserem Höheren Selbst treu zu bleiben. Je mehr wir lernen, uns diesem Prozeß vertrauensvoll hinzugeben, um so klarer wird uns, daß unsere wichtigste Beziehung die zwischen uns und unserem Selbst ist.

Übung 17: Wie du lernst, Vertrauen zu entwickeln und eine Verbindung mit deinem Wahren Selbst herzustellen

1. Atme dreimal sanft und tief ein und aus.
2. Stell dir in deinem Herzen ein Samenkorn aus Licht vor. Als das Universum geboren wurde, zu Anbeginn aller Zeit, ist es dort eingepflanzt worden. Stell dir vor, wie du das sanft schimmernde Licht in deinem Brustkorb siehst. Laß es die Farbe haben, die es haben möchte. Laß zu, daß es sich verwandelt und seine Farbe wechselt. Sie ist Ausdruck deiner ureigenen Energie, die langsam wächst. Betrachte das Licht in dir. Es ist dein Wahres Selbst.
3. Während du das Samenkorn in dir immer weiter beobachtest, siehst du, wie seine äußere Schale langsam durchscheinend wird. Jetzt kannst du hineinsehen. Du siehst feine Ströme und Muster

aus Licht in seinem Inneren. Diese Ströme sind die Energiemuster des Lichtsamens. Sie bestimmen auf ewig, in welche Richtung du dich entwickelst. Dein Schicksal liegt in diesen feinen Linien aus reinem Licht beschlossen. Und nun nimmst du ein tieferes Leuchten und Glühen wahr. Es ist das Leuchten deines göttlichen Potentials, der vorherbestimmten Frucht dieses Lichtsamens.

4. Erlaub nun dem Bild, sich allmählich aufzulösen. Es verschwindet langsam. An seine Stelle tritt eine deutliche Empfindung der Linien, die das Schicksal deines Wahren Selbst nachzeichnen. Atme tief ein und aus. Stell dir vor, wie du mit der Empfindung dieser Linien eins wirst. Sie führen dich auf deinem Wahren Weg.
5. Wiederhole nun folgende Affirmation: »Ich und mein Wahres Selbst sind eins.« Richte deine Aufmerksamkeit dabei auf die innere Botschaft dieser Worte.

Eine spirituelle Liebesgeschichte

Alex verspürte in sich den Druck, gleichzeitig Playboy und liebevoller, beständiger Familienvater zu sein. Ein »richtiger Mann«, so sagte ihm sein Gefühl, müsse beides sein. Da dies aber unmöglich ist, konnte Alex weder sich selbst annehmen noch Beziehungen zulassen, die »zu« eng wurden.

Sobald eine Beziehung an Nähe zunahm, wurde Alex immer kälter, distanzierter, abweisender. Er befürchtete, daß seine Gefühle ihn in eine Falle locken und er nicht mehr in der Lage sein würde, seine andere Seite »wahrer Männlichkeit« auszuleben, wenn er seine Partnerin zu nahe an sich heranlassen würde. Schließlich brach er die Beziehung ab und machte sich auf die Suche nach der nächsten Eroberung.

Trotzdem empfand er Scham und Schuldgefühle, wenn er eine Frau verließ. Und bei Abenteuern für eine Nacht oder einer kurzen Affäre hatte er häufig mit Impotenz zu kämpfen – was in seinen »festen« Beziehungen nie vorkam.

Wenn er dann wieder auf der Jagd nach neuen Eroberungen war, ließ ihm das zwanghafte Bedürfnis nach Heim und Familie keine Ruhe. Er fühlte sich schrecklich, weil er die Frau verlassen hatte, die ihn liebte. Und er begann, sich selbst zu hassen.

Als er endlich genug davon hatte, auf diese Weise zu leiden, beschloß er, sich auf eine tiefere Ebene in seinem Inneren einzulassen und diesem Sog seiner oberflächlichen Vorstellungen von »wahrer Männlichkeit«, denen er doch nie genügen konnte, zu entkommen. Er glaubte fest daran, daß es eine innere Führung geben müsse, der er folgen könne und die ihm dauerhaftes Glück statt immer wiederkehrenden Kummer bescheren würde. Zu diesem Zeitpunkt hatte er eine Beziehung zu einer Frau namens Katharina, und sein Drang, sie zu verlassen, wurde ständig stärker. Diesmal jedoch ließ er diesen Zwang nicht die Oberhand gewinnen. Statt dessen beobachtete er ihn, ohne sich damit zu identifizieren. Er erkannte die Existenz einer höheren Kraft an, die sein Schicksal bestimmte, und vertraute fest darauf, daß diese Kraft schon wissen werde, was für ihn gut sei. Und er lernte, seinen Zwang, vor Nähe wegzulaufen, als sein Ego zu erkennen, das ihn – wie er mittlerweile gelernt hatte – immer wieder in Sackgassen führte.

Statt die Dinge selbst in die Hand zu nehmen, übte er sich darin, Vertrauen zu entwickeln. Was für ihn wichtig war, würde auch geschehen. Als Katharina ihm mitteilte, daß sie von ihrer Beziehung mehr Gefühle und Nähe erwartete, beobachtete er seine Angst und seine innere Abwehr. Er wollte davonlaufen, tat es aber nicht. Statt dessen sagte er ihr, daß er im Augenblick nicht mehr geben könne. Im Vergleich zu seinen früheren Verhaltensmustern, die unweigerlich zum Rückzug geführt hatten, war das immerhin schon ein Fortschritt.

Katharina zeigte sich geduldig. Trotzdem wollte sie den Entwicklungsprozeß, den er gerade durchlief, verstehen. Er erklärte ihr, wie er sich früher immer verhalten hatte und daß er daran arbeite, dieses Muster zu durchbrechen. Dies ging Katharina sehr zu Herzen, zeigte es doch eine emotionale Tiefe, die sie bei Alex gar nicht vermutet hatte.

In den nächsten sechs Monaten suchte Alex weiterhin den Einklang mit seinem Wahren Selbst. Die Beziehung zu Katharina veränderte sich: Aus einer Romanze wurde eine tiefe Freundschaft. Katharina mochte Alex wirklich und achtete seine Bemühungen um inneres Wachstum. Alex hingegen genoß es, seine Entdeckungen und Einsichten mit ihr zu teilen. Sie lasen dieselben Bücher, gingen in dieselben Seminare und besuchten zusammen und getrennt spirituelle Retreats. Gemeinsam beschritten sie den spirituellen Pfad des erleuchteten Selbst, den Mystiker zu allen Zeiten erkundet haben.

Die Suche nach ihrem Wahren Selbst wurde zu einer starken Bindung zwischen beiden. Diese spirituelle Verbindung war tiefer und stärker als Alex' frühere Beziehungen, in denen es ihm nicht gelungen war, mehr Nähe zu entwickeln.

Eines Tages erkannte er, daß er Katharina liebte, und zwar inniger, als er es bisher je vermochte hatte. Ganz langsam nahm ihre Partnerschaft den Charakter einer Reise an – einer Reise, die aufregender, romantischer und aufrichtiger war, als sie je zu träumen gewagt hätten.

Tarotkarte VI: Die Liebenden

Am Anfang dieses Kapitels stand die Tarotkarte VI: **Die Liebenden**. Diese Karte symbolisiert das harmonische Zusammenspiel der drei Ebenen des Geistes: das Bewußte, das Unbewußte und das Überbewußte oder die höhere Instanz des Wahren Selbst.

Der Mann steht für die bewußte Seite des Selbst. Mit dieser Seite wenden wir uns der Welt zu, beobachten, was geschieht, und geben die entsprechenden Informationen zur Verarbeitung an das Unbewußte weiter. Das Bewußte wird mit der männlichen Energie gleichgesetzt, da seine Kraft nach außen gerichtet ist.

Das Unbewußte findet seine Entsprechung im Weiblichen. Es erhält seine Informationen vom Bewußten und bringt die passende Antwort hervor. Das Unbewußte wird mit dem Weiblichen gleichgesetzt, weil es vom Männlichen empfängt und daraus etwas hervorbringt, was erst aus ihrer Vereinigung entstehen kann.

Die Frau auf unserem Bild sieht zum Erzengel Michael empor, der das Wahre Selbst versinnbildlicht. Er hat seine Hände in einer Geste des Schutzes, der Fürsorge und seelischen Führung erhoben. Der Blick der Frau und ihre aufnahmebereite Haltung zeigen, daß sie der Höheren Kraft, die in unserem Leben unablässig am Werk ist, vollkommen vertraut.

Die Anwesenheit des Mannes hingegen bedeutet, daß du dein Bewußtsein nutzen solltest, um egozentrische Wünsche, Vorstellungen und Neigungen zu erkennen. Sobald du dir solcher Dinge bewußt wirst, nimmst du die

Haltung der Frau auf dem Bild an – du gibst dich vollkommen deinem Höheren Selbst und seinen Zielen hin. Dieser Prozeß der Hingabe an das Wahre Selbst ist nicht immer leicht zu verstehen, was sich im Bild der Wolke niederschlägt. Meditierst du aber über dieses Bild, so erhält dein Unbewußtes ein tieferes Wissen darüber.

Übung 18: Die Liebenden

1. Atme dreimal tief und langsam ein und aus.
2. Meditiere ein paar Minuten über *Die Liebenden*. Fühle, wie das Bild sich deinem Inneren einprägt. Stell dir vor, wie es dich lehrt, die Kraft deines Bewußtseins voller Vertrauen deinem Höheren Selbst zu überlassen, um so dein höchstes Potential zu verwirklichen und deine Lebensaufgabe zu erfüllen.
3. Sprich laut und deutlich: »Mein Bewußtes und mein Unbewußtes stehen im Einklang mit meinem Wahren Selbst.« Spür die Wahrheit, die in diesen Worten steckt.
   Nachdem du diese Affirmation laut ausgesprochen hast, mach dir klar, daß dein Bewußtes und dein Unbewußtes, die inneren *Liebenden*, zusammenwirken, um dein Höheres Selbst zu erwecken.

Nachwort

Durch die Jahrtausende haben Mystiker immer wieder gelehrt, daß unser größtes Geschenk an die Menschheit und den ganzen Planeten darin besteht, unser eigenes Bewußtsein zu läutern. Die Liebe und Ausgeglichenheit in dir selbst strahlst du aus und gibst sie so an deine Mitmenschen weiter. Selbst Pflanzen werden von deiner Liebe genährt.

Befreist du dich von deinen inneren Ketten, dann werden die Anhaftungen, denen jeder einzelne von uns anhängt, schwächer werden. Entwickelst du die Kraft, allem, was dir widerfährt, mit Frieden, Gleichmut und Hingabe an deinen Glauben zu begegnen, so erfahren auch alle anderen menschlichen Seelen diese Stärkung und können sie schließlich selbst ausdrücken und erfahren.

Arbeit an sich selbst hat nichts mit Egoismus zu tun. Sich um die eigene Entwicklung zu kümmern ist gleichbedeutend mit dem Bemühen des Künstlers, wahre Schönheit zu erschaffen. Bist du in dir selbst liebevoll, weise und mutig, so kannst du diese Qualitäten auch anderen vermitteln.

Sieh doch einmal deine größten Prüfungen, deine schwersten Probleme als Gelegenheit an, uns allen zu helfen. Je mehr Liebe, Weisheit und Ausgeglichenheit du in dunklen Zeiten ausstrahlst, um so stärker befähigst du jeden einzelnen von uns, diese höheren Bewußtseinsebenen in solchen Situationen ebenfalls zu erfahren. Die

Mystiker nennen die Arbeit am eigenen Selbst den *Geheimen Pfad*, da du deine Erfolge in deinem Inneren erringst und auch die Hilfe, die du der Menschheit durch sie zuteil werden lassen kannst, nur auf der inneren Ebene spürbar wird. Diesen *Geheimen Pfad* zu betreten ist vielleicht der höchste Akt der Liebe, zu dem jeder einzelne von uns fähig ist.

Deine Bemühungen, dich selbst zu befreien, um die Liebe eines Seelengefährten zu erfahren, macht jeden von uns frei dafür, die ungeheure Freude, die in dieser Liebe steckt, selbst zu erfahren. Vielleicht sollten wir daher jene, die es auf sich nehmen, diesen inneren Weg zu gehen, *Helden der Liebe* nennen. Ganz sicher aber sind sie Helden im Herzen.

Über den Autor

Bob Lancer hat viele Bücher über Mystik und spirituelles Wachstum geschrieben. Er hat die Kabbala-Karten entwickelt, durch die wir Zugang zu unserem Höheren Bewußtsein finden und unmittelbare Einsicht erlangen können. Er bietet persönliche Beratungsgespräche an, hält Vorträge und gibt Workshops und Seminare. Du kannst ihn unter folgender Adresse erreichen:

Tools of the Tree
P. O. Box 416
Lake Forest, IL 60045
U. S. A.

Bitte beachten Sie die folgenden Seiten

Verlag Hermann Bauer · Freiburg im Breisgau

Karin Brandl

Ich kann doch ohne dich nicht leben!

Die Macht energetischer Verbindungen
und ihre Auflösung

208 S. mit 28 Abb., geb.; ISBN 3-7626-0533-5

In diesem Buch untersucht die Autorin die energetische Komponente unguter Verbindungen. Aus eigener Erfahrung schöpfend, gibt sie einfühlsam Einblick in das, was sich vor allem in Liebesbeziehungen, aber auch in Familie und Beruf oder in der alltäglichen Kommunikation – unsichtbar und oft den Beteiligten unbewußt – abspielt.

Besondere Bedeutung hat hier das, was die Autorin als »astrale Nabelschnur« bezeichnet. Sie ist ein dauerhaftes Energieband und hat mit Sehnsucht nach Verschmelzung, mit Macht und Abhängigkeit zu tun. Wie eine solche Nabelschnur entsteht, welche persönliche Veranlagung dafür anfällig macht, wie man sie erkennt, und vor allem, wie man sie auflösen kann – darauf gibt dieses Buch höchst sachkundige Antwort.

Einen wichtigen Teil widmet Karin Brandl den Möglichkeiten, sich vor unerwünschten energetischen Verbindungen – also auch psychischen Übergriffen – zu schützen, sich abzugrenzen, sein Energiefeld zu reinigen oder eine bestehende astrale »Nabelschnur« aufzulösen.

Das Anliegen der Autorin ist es, durch Aufklärung und Rat einen verantwortungsvollen Umgang mit der feinstofflichen Seite zwischenmenschlicher Beziehungen zu fördem.

Verlag Hermann Bauer · Freiburg im Breisgau

Von Jennifer Louden ist im Verlag Hermann Bauer erschienen

Tu dir gut!

Das Wohlfühlbuch für Frauen

249 S., kart.; ISBN 3-7626-0497-5

Dieses Buch richtet sich an all jene Frauen, die dazu erzogen worden sind, an sich selbst zuletzt zu denken; die stets Rücksicht auf die Bedürfnisse anderer nehmen, sich kümmern und sorgen und dabei ihre eigenen Wünsche verdrängen.
Ein solches Aufopfem nützt weder den Frauen, noch den Menschen ihrer Umgebung. Aus vollem Herzen geben und wahrhaft fürsorglich sein kann nur, wer auch selbst Zuwendung bekommt, wer sich auch seiner eigenen Wünsche und Bedürfnisse annimmt.
Die Autorin zeigt, wieviel Kraft Sie aus der Befriedigung der eigenen Bedürfnisse – seien sie geistiger, emotionaler oder körperlicher Art – schöpfen können. In 51 Kapiteln finden sich eine Fülle praktischer Tips, neuer Verhaltensstrategien, Rituale, Meditationen zum Atemschöpfen und Sich-selbst-Besinnen. Schon beim Lesen werden Sie fröhlich, wohlgelaunt und bekommen neue Lust aufs Leben!

Nahrung für die Seele

Das »kleine« Wohlfühlbuch für Frauen

112 S., geb.; ISBN 3-7626-0553-X

Dieses Geschenkbuch faßt einige der einfachen, aber sehr wirkungsvollen Tips und praktischen Übungen zusammen, wie man sich Gutes tun kann.

Verlag Hermann Bauer · Freiburg im Breisgau

Von Jennifer Louden ist im Verlag Hermann Bauer erschienen

Tut euch gut!

Das Wohlfühlbuch für Paare

340 S., kart.; ISBN 3-7626-0525-4

Wieder stellt Jennifer Louden eine Fülle von kreativen Ideen vor, wie im alltäglichen Zusammenleben grundlegende Bedürfnisse nach Zuwendung, Geborgenheit und Wohlgefühl erfüllt werden können.
Sie gibt einfallsreiche Tips, wie aus einem Zusammenleben ein wirkliches Familienleben wird, so daß trotz Alltagshektik die zärtliche Liebe nicht zu kurz kommt.

Wir tun uns gut!

Das Wohlfühlbuch für Schwangere

368 S., kart.; ISBN 3-7626-0562-9

Mit demselben Witz und Sinn für praktischen Humor, die den Erfolg ihrer Wohlfühlbücher ausmachen, begleitet Jennifer Louden Frauen durch die emotional wechselhafte Zeit der Schwangerschaft und die ersten Monate des Mutterseins. Alle Frauen, die ein Kind erwarten, aber auch erfahrene Mütter finden in diesem Buch vielfache Anregungen, kreative Tips und praktische Übungen für ihre Gesundheit und ihr Wohlbefinden.

Tu dir gut!

Wohlfühlmusik für Frauen

Spieldauer ca. 60 Minuten
CD ISBN 3-7626-8742-0

Verlag Hermann Bauer · Freiburg im Breisgau

Verlag Hermann Bauer · Freiburg im Breisgau

Ebertin Verlag · Freiburg im Breisgau